EXTRAIT DES MÉMOIRES DE LA SOCIÉTÉ DES LETTRES, SCIENCES ET ARTS DE L'AVEYRON

ÉTUDES

DE

PHILOLOGIE ET LINGUISTIQUE

AVEYRONNAISES

PAR J.-P. DURAND (de Gros).

PARIS

LIBRAIRIE MAISONNEUVE ET Cᵉ

25, quai Voltaire, 25.

1879

TRAVAUX SCIENTIFIQUES

DE L'AUTEUR

—

ESSAIS DE PHYSIOLOGIE PHILOSOPHIQUE, 1 vol. in-8°
de 600 pages avec figures. Paris, 1866 (Germer-Baillière).
Prix : 8 fr.

ONTOLOGIE ET PSYCHOLOGIE PHYSIOLOGIQUE, 1
vol. in-18 de 360 pages. Paris, 1871. Prix : 4 fr.

LES ORIGINES ANIMALES DE L'HOMME éclairées par
l'anatomie et la physiologie comparatives, in-8°, ouvrage
illustré de 42 figures intercalées dans le texte. Paris, 1871.
Prix : 5 fr.

ELECTRO-DYNANISME VITAL, in-8° de 400 pages. Paris,
1856. (J.-B. Baillière et fils. — (*Epuisé.*)

COURS THÉORIQUE ET PRATIQUE DE BRAIDISME,
1 vol. in-8°. Paris, 1860. (*Epuisé.*)

DE L'INFLUENCE DES MILIEUX SUR LES CARACTÈ-
RES DE RACE chez l'Homme et les Animaux. Paris,
1868. In-8° Prix : 3 fr. 50.

DE L'HÉRÉDITÉ DANS L'ÉPILEPSIE. Paris, 1868. Prix :
50 cent.

Rodez, impr. de N. Ratery, rue de l'Embergue, 21.

Du même auteur :

LE FÉLIBRIGE

Rapport présenté à la Société des lettres, sciences et arts de l'Aveyron sur les « Fêtes latines » de Montpellier. — Paris, 1879. 1 broch. in-18.

EXTRAIT DES MÉMOIRES DE LA SOCIÉTÉ DES LETTRES, SCIENCES ET ARTS DE L'AVEYRON

ÉTUDES

DE

PHILOLOGIE ET LINGUISTIQUE

AVEYRONNAISES

PAR J.-P. DURAND (de Gros).

PARIS

LIBRAIRIE MAISONNEUVE ET Cᵉ

25, quai Voltaire, 25.

—

1879

ÉTUDES

DE PHILOLOGIE ET DE LINGUISTIQUE

AVEYRONNAISES

Par J.-P. DURAND.

—◦◦◦—

PREMIÈRE PARTIE.

—

Les noms de famille et les noms de lieux.

Les recherches d'étymologie, jusqu'à ces derniers temps, ne furent guère qu'un jeu d'imagination; aujourd'hui elles sont soumises à une méthode rigoureuse, vraiment scientifique, et mènent à des résultats qui ne profitent pas seulement à la science du langage, mais qui offrent un intérêt réel, et parfois très considérable, pour l'histoire. En effet, l'origine des mots, leurs éléments, leur formation, leurs applications successives, contiennent des secrets précieux sur la vie des générations éteintes et constituent de véritables documents historiques pouvant servir à compléter les annales écrites et, quand elles font défaut, à en tenir lieu dans une certaine mesure.

Comme tous les autres, l'idiome de l'Aveyron a ses mystères étymologiques, et les pénétrer, ce serait faire du même coup quelques percées dans le voile encore bien épais qui nous dérobe le passé de notre sol natal.

Le langage indigène de cette province, appelé par nous,

peut-être avec trop d'humilité, *notre patois*, est l'un des témoins les moins mal conservés de la vieille langue des troubadours, qui elle-même ne fut autre chose qu'une des variétés provinciales du latin populaire, dit *lingua rustica*, qui était parlé dans tout l'empire romain, et qui a donné naissance aux diverses langues modernes dites néo-latines ou romanes, et dont les principales sont le français, l'italien et l'espagnol. Mais existe-t-il quelque part un *thesaurus* de cette langue du Rouergue où tous les mots qui lui appartiennent se trouveraient rassemblés, et où le philologue pourrait les étudier et les disséquer à loisir? Le dictionnaire patois que la Société fait imprimer en ce moment sera, sans nul doute, une œuvre utile; cependant, en admettant que l'auteur, le regrettable abbé Vayssier, ait été assez heureux pour réunir et consigner dans son recueil la totalité des expressions présentement en usage dans le parler de nos paysans, son inventaire de la lexiologie rouergate n'en restera pas moins pour cela fort incomplet. On ne devrait pas l'oublier, et on l'oublie pourtant, ce patois était encore une langue écrite et littéraire il n'y a guère que trois siècles de cela. Depuis lors, c'est-à-dire du moment où la France du nord a porté le dernier coup à l'autonomie de nos provinces méridionales et leur a imposé son administration et son langage, une foule d'expressions de l'idiome indigène, notamment toutes celles dont l'emploi était réservé à la société polie et aux lettrés, sont tombées en désuétude. Elles n'ont pourtant pas cessé de lui appartenir de droit sinon de fait, d'en constituer une portion intrinsèque, et elles doivent par conséquent y être réintégrées.

Cette restitution pourra s'opérer à l'aide de la paléographie, qui a été trop peu cultivée et trop peu encouragée parmi nous jusqu'ici. Beaucoup de documents en rouergat subsistent encore; il faut s'empresser de les réunir, de les déchiffrer et d'en publier le plus grand nombre possible.

Notre vieux rouergat reconstitué, remis en possession de tout ce que la conquête française lui fit perdre et lui fait perdre chaque jour davantage en le menaçant d'une extinction prochaine, inévitable, et à beaucoup d'égards

désirable, est, je le répète, un des meilleurs représentants de la langue d'Oc, l'un de ses types les plus purs. Son
fonds verbal, nous l'avons dit, est essentiellement latin ;
il porte même l'empreinte de beaucoup de mots de cette
langue mère qui ne se trouvent pas chez les auteurs de
l'époque classique, mais dont pourtant la latinité est incontestable à en juger par leurs éléments et leur mode de
composition.

A côté de ce *stock* principal, tout d'importation romaine,
le rouergat présente un certain nombre de radicaux d'origines différentes. Le vieil allemand y compte beaucoup de
mots ainsi que plusieurs formes grammaticales. La langue
des Gaulois y retrouve aussi quelques vestiges de son
vocabulaire et de sa grammaire.

Toutefois, ce n'est pas seulement dans le langage pro-
prement dit, dans les vocables communs, que doivent
être cherchées les traces des langues non latines qui
furent en usage dans ce pays et qui témoignent de
l'existence dans ce même pays des populations par lesquelles ces langues furent parlées; c'est dans les noms
propres, c'est dans les noms de famille et les noms de
lieux surtout, que réside le grand dépôt de nos archaïsmes
linguistiques. Car toutes ces dénominations aujourd'hui
muettes, c'est-à-dire purement individuelles, furent em-
ployées dans le principe comme noms communs, *verba
appellativa ;* elles furent *parlantes*, comme tout l'atteste,
et notamment l'article resté attaché à un grand nombre
d'entre elles. Le Rouergue offre sous ce rapport aux travaux de l'étymologiste un champ d'une richesse merveil-
leuse; il suffira de quelques aperçus pour le démontrer,
et c'est là tout l'objet de cet essai.

Nous nous occuperons en premier lieu des noms patronymiques. Il convient à ce propos de constater avant tout
que ces noms héréditaires ou noms de famille sont une
institution dont la date ne remonte pas au-delà du XIe siècle. Les Gallo-romains, il est vrai, avaient adopté le système *onomastique* des Romains : ils portaient un nom de
famille, *nomen gentilitium*, et en plus un prénom, *prœno-
men*, et un surnom, *cognomen;* et ce système prévalut

chez les familles indigènes jusqu'au sein de l'invasion barbare. Ainsi l'historien des Francs se nomme *Georgius Gregorius Florentinus ;* un autre écrivain arverne portait le nom de *Sollius Sidonius Apollinaris ;* et le poète de Burdigala était appelé *Decimus Magnus Ausonius.* Mais à partir du vıı⁰ siècle toute trace de cet usage se perd, et le système germanique , qui consistait , comme cela avait aussi lieu sans doute chez les Gaulois, dans l'emploi d'un nom unique et purement personnel pour chaque individu , s'établit universellement dans toutes les anciennes provinces occidentales de l'empire romain. Les noms actuels de nos familles sont les noms personnels que portaient les chefs de ces familles à l'époque de la création des noms héréditaires.

Considérons maintenant nos noms patronymiques rouergats au point de vue de leurs origines diverses.

Il en est un grand nombre qui sont des noms de localités transportés à des familles qui étaient sans doute originaires de ces localités ou qui y possédaient la suprématie. Parmi les noms de cette catégorie , il en est beaucoup de celtiques.

Quelques-unes de nos familles portent des noms romains très reconnaissables comme tels ; ce sont , par exemple , Colonge, *Colonicus ;* Constans, *Constantius ;* Domergue, *Dominicus ;* Glauzy, *Claudius* ou *Claudinus ;* Pons, *Pontius ;* Serin , *Serenius ;* Vergely, *Virgilius* , le nom du poète (lequel du reste était de provenance gauloise).

Les noms de famille aveyronnais pouvant se rattacher au celtique directement, c'est-à-dire comme primitivement appliqués à des personnes en tant que noms propres , et non à des localités, sont relativement en petit nombre ; et il ne faut pas s'en étonner, car ce n'est que par exception que les noms personnels en usage avant l'invasion peuvent avoir survécu à la concurrence des noms francs, universellement à la mode dans ce pays à partir du vı⁰ siècle. Ils sont en outre difficiles à distinguer et à interpréter à cause du peu de documents existant sur la langue des Gaulois. Un philologue allemand, M. Stark , annonce la prochaine publication d'un ouvrage sur ce sujet aussi obscur qu'intéressant des étymologies gauloises dans les noms de personnes anciens et modernes. En attendant que ce savant fasse la lumière qu'il nous promet, nous devons nous borner à signaler, dans la patronymie du Rouergue, trois, quatre ou peut-être cinq noms comme probablement sinon incontestablement celtiques. C'est tout ce que nos connaissances nous permettent pour le moment.

Bec, Bras, Catusse, Isarn, Issaly, tels sont ces noms.

Les Gloses irlandaises du viii° siècle, citées dans la *Grammatica Celtica* de Zeuss, donnent le mot *bec*, et le traduisent par *parvus*. Dans les mêmes gloses on rencontre également le mot *bras* traduit par *grossus*. De plus, le *Dictionnaire breton* de Legonidec nous apprend que ce dia-. lecte vivant de la langue celtique possède aussi le mot *bras*, et avec le sens de *grand*. En outre l'auteur fait la remarque que ce mot est d'un usage très répandu en Bretagne comme nom de famille. Ainsi *Bras* et *Bec* font respectivement allusion aux mêmes qualités corporelles que les noms de famille français de *Legrand* et *Lepetit*.

Pour ce qui est du nom de Isarn, nous sommes informés par Zeuss (*Gramm. celt.*, 2° édit., p. 774) que les Bollandistes (*Act. sanct.* 1. Jan. par. 2) citent un passage d'une ancienne vie de saint où il est fait mention d'un bourg de la Gaule appelé *Isarnodorum*, et dans lequel il est dit en outre que ce mot signifie, en gaulois, *porte de fer*. Voici le passage : « *Isarnodorum : a vico cui vetusta paganitas...... Gallica lingua Isarnodori , i , e , ferrei ostii indidit nomen.* » Or, dans ce nom composé, la terminaison *dorum* (c'est-à-dire *dor*, abstraction faite de la désinence casuelle latine) est un mot que les dialectes celtiques modernes possèdent encore, qui est même passé dans la langue anglaise ; il a la signification de *porte*. Donc le sens partiel attaché au radical *isarn* est celui de *ferreus* ou de *ferrum*. D'ailleurs l'ancien irlandais nomme le fer *iarn* (voir Zeuss) et le breton moderne *ouarn* (voir Legonidec), mots dont l'affinité avec *isarn* de *Isarnodorum* est manifeste. A ce compte notre Isarn rouergat ne serait autre que le synonyme celtique de cet autre nom de famille très répandu dans le Rouergue, Ferrieu (*Ferreus*), et aurait désigné primitivement des « hommes de fer. »

Le nom de Catusse écrit suivant l'orthographe de la langue d'Oc, c'est-à-dire *Catussa*, se lit en toutes lettres dans certaines inscriptions gauloises, ainsi qu'un nom presque identique, *Catuso* (voir la liste des noms gaulois placée à la fin de la grammaire de Zeuss). Quant à la signification intime de ces deux vocables, Zeuss lui-même (qui du reste est un étymologiste très circonspect et très réservé) s'abstient d'en rien dire. Il est permis pourtant de signaler dans leur composition la présence du radical *cat*, qui, on le sait, signifie combat, et se rencontre dans une foule de noms gaulois, tels que *Caturiges*, *Catalauni*, *Catuvellauni*, *Caterva* (noms de la légion gauloise). Ajoutons ce détail qui a de l'intérêt : le nom en question se retrouve dans la formation d'un nom de lieu en *ac* cité dans l'*Itinéraire* d'Antonin, *Catusiacum*. Un autre nom rouergat, qui est pour moi énigmatique, Catays, ne se rattacherait-il pas au même radical ?

Je me suis demandé si un autre nom de famille qui s'observe parmi nous, sans être toutefois très répandu, Issaly (*Issali*), ne remonterait pas aussi jusqu'aux Gaulois. Il pourrait être une forme diminutive de ce radical *uxell* qui fait partie du nom composé *Uxellodunum*, qui entre aussi probablement dans la composition de *Issoudun*, et peut-être encore dans celle de *Yssingeaux* et d'*Issanchou* (*Uxellojugum ?*), et a le sens de haut, élevé, et qui, en outre, appliqué aux personnes au figuré, comporte l'idée de hautain, fier, orgueilleux, dans le breton moderne (voir Legonidec au mot *uchel*). Le passage de l'*u* d'*uxel* à l'*i* de *Issaly* serait d'autant plus admissible que nous trouvons un exemple authentique de cette substitution dans le nom moderne de l'antique Uxellodunum, aujourd'hui le *Puech d'Isselou*.

Artus est encore un nom celtique, mais il est à présumer que nous ne l'avons pas reçu directement de nos ancêtres gaulois, et qu'il a été introduit chez nous avec les légendes populaires des chevaliers de la Table ronde. La racine *art* signifie pierre ; on trouve le mot *artuas* dans une inscription gauloise bilingue qu'on n'a pu traduire qu'imparfaitement (Voir Diez et Belloguet).

Le vieil allemand a de beaucoup la plus large part dans la nomenclature de nos familles du Rouergue, et c'est là un curieux et remarquable témoignage de la présence des Barbares dans notre province et de l'action qu'elle y a exercée. Sous cette influence, mais sans doute par la seule force de l'esprit d'imitation servile qui porte les sujets à se modeler sur leurs maîtres, le système onomastique des Romains, jusqu'alors en usage dans toutes les Gaules (du moins chez les classes élevées), tomba en désuétude et fut totalement remplacé par celui des Germains, qui consistait, comme il a été déjà dit, dans l'application à chaque personne d'un nom unique et non point héréditaire. Ces noms individuels, qui plus est, furent empruntés pour la plupart au vocabulaire germanique, les indigènes se donnant pour parrains les étrangers. Déjà au temps de Grégoire de Tours nous voyons les serfs gaulois eux-mêmes adopter la nouvelle mode, témoin le nom germanique de *Leudaste* porté par l'un d'eux, qui parvint plus tard à de hautes dignités. Dans les titres des VIIIe et IXe siècle, dans le cartulaire de notre abbaye de Conques, entre autres, les personnes des conditions sociales diverses qui y sont nommées, les habitants des *mansus*, notamment, portent presque toutes un nom tudesque. De ce fait il serait difficile de ne pas conclure que des individus d'origine germanique et parlant la langue de leur pays, étaient répandus un peu partout sur notre territoire, et particulièrement dans les campagnes. On ne peut pas d'ailleurs s'expliquer autrement les traces si nombreuses que cette langue a laissées dans le vocabulaire de nos patois.

Ces noms propres de personnes importés d'outre Rhin se rencontrent les mêmes dans toutes les provinces de la Gaule ; les plus anciens documents écrits en latin nous les donnent sous une forme latinisée, qui consiste simplement dans l'adjonction au mot barbare de certaines voyelles de liaison et des désinences casuelles des déclinaisons latines. La nomenclature qu'ils en offrent est exactement identique, jusqu'à l'orthographe, dans le nord et dans le midi, dans l'est et dans l'ouest. Mais ces vocables étrangers ont subi plus tard sur chaque point du pays les transformations de la langue locale, et après quelques siècles, vers le commencement du x⁰ siècle, la langue romane de la France s'étant scindée en deux grands dialectes, le français et le provençal, et subdivisée en outre en d'innombrables sous-dialectes, chacun de ces idiomes provinciaux a habillé à sa façon, pour ainsi dire, les vieux noms germaniques, et chacun de ces noms s'est offert sous des déguisements multiples dans la diversité desquels il n'est pas facile, à première vue, de reconnaître son identité originelle. Ainsi le nom *Adhemarus* des vieux titres devient Azémar dans le Rouergue et Omer dans le nord; *Adalhardus*, *Audoinus*, *Godinus*, *Withardus* subissent respectivement la métamorphose de Alazard, Auzouy, Gouzy, Guitard et Guizard dans notre province, tandis que dans les pays *français* ils passent à l'état de Allar, Audouin, Gouin, Guyard. Nous avons relevé, toutefois très incomplètement, nous le craignons, la série des noms de famille germaniques du Rouergue; on la trouvera dans l'un des tableaux qui terminent ce travail; en outre nous avons jugé intéressant d'accompagner, dans ce tableau, chacun des noms germano-rouergats de son homonyme bas-latin et de son homonyme français, autant que faire se pouvait.

Pour la forme latine, nous avons adopté toujours de préférence l'orthographe que donnent les écrits les plus anciens où nous avons pu les rencontrer. Nous ferons remarquer à ce propos que la manière d'écrire en latin les noms germaniques présente trois variantes principales qui correspondent à trois périodes du moyen-âge. Les deux plus anciennes coïncident avec deux époques où les hommes de race franque parlaient encore la langue de leur pays au milieu des Gallo-Romains : la première se confond à peu près avec les temps mérovingiens; l'autre commence au viiⁱᵉ siècle et dure jusque vers la destruction de l'empire de Charlemagne. Après ce moment, le tudesque cesse d'être parlé en France, les dialectes romans se constituent, et dès-lors, quand on a à mettre en latin les noms propres d'origine germanique, ce n'est plus dans le germanique lui-même qu'on les prend, c'est dans l'idiome roman du pays, et tels que cet idiome les a modifiés.

Les deux manières d'écrire les noms des Germains qui se sont succédées durant les quelques siècles pendant lesquels les envahisseurs ou leurs descendants ont conservé l'usage de leur idiome national, ces deux manières attestent deux dialectes teutoniques distincts successivement parlés en France et importés l'un comme l'autre de la Germanie. Voici ce qu'on lit dans la *Grammaire des langues romanes* de Diez :

« L'admission des mots allemands commença, sans aucun doute, peu de temps après les invasions des Germains, et ne prit fin que quand leur langue périt. On reconnaît, en effet, deux classes chronologiquement distinctes de ces mots empruntés : les uns trahissent, même après leur assimilation, une forme archaïque, et se rapprochent du gothique ; les autres, une forme postérieure. Les marques caractéristiques des premières sont les voyelles *a* et *i* pour les voyelles *e* et *ē*, la diphtongue *ai* pour *ei*, et les consonnes *p*, *t* et *d*, pour *f*, *z* et *t ;* celles des secondes sont précisément les lettres ci-dessus désignées. »

J'ai donné cette citation pour faire comprendre une observation que suggère la comparaison des noms germaniques appartenant à notre idiome rouergat : on discerne dans ces noms les deux classes chronologiquement distinctes dont parle Diez, d'où on peut conclure que le Rouergue a reçu des immigrations teutoniques considérables aux deux époques correspondantes. Ainsi Guitard (*Withardus*) et Guizard (*Wishardus*) ne représentent qu'un seul et même mot primitif, l'un dérivant de la forme dialectale gothique, l'autre de celle du haut allemand.

Une autre classe nombreuse des noms de famille aveyronnais est un emprunt fait à la nomenclature de nos plantes indigènes. Il est remarquable, en ce qu'un tel fait accuse la longue fixité de la population rouergate, que les espèces végétales ayant servi de marraines à un si grand nombre de nos familles, appartiennent toutes, sauf de fort rares exceptions, à la flore locale. Voici quelques exemples de cette catégorie :

Albar (saule blanc), Albarède, Albaret; Albespy (aubépine); Bès (bouleau), Bessède, Besset, Bessière; Bouys, (*boys*, buis), Boisse, Boissière; Bouyssou (*boyssò*, buisson), Boissonnade; Bruc (bruyère), Burg, Burq (1), Bruguière, Burguière; Casse (chêne), Cassan, Cassagne; Castanier (châtaigner); Caulet (chou); Codomier (cognassier?); Espinas, Espinasse (hallier d'épines); Falguière (fougère); Fau (hêtre), Faje, Fajolle, Fayet; Favier (*fabarius?*), Fraysse (frêne), Frayssinet, Frayssinhes; Fromen; Garric (chêne), Garrigues; Garrousse (jarrosse?); Gieysse (gesse), Ginest, Ginestet, Gineste (genêt); Griffoul, Griffoulière, corruption populaire des formes classiques *aguifolh*, houx, et *aguifolheyra*, houssaie, issues du latin *aguifolium* (2); Jonquière (jonchère); Labit, pour *la vit* (la vigne); Laur, Lauret (laurier); Lom (l'orme), Delom, Laumière (3); Mourier (mûrier); Noguier (noyer), Nogaret; Nespoulous (de *nespola*, nèfle); Pomier; Perier (poirier); Persec (pêcher); Piboul (peuplier); Prunières; Raus (roseau), Laraussie; Romec (ronce), Romegous, Romiguière; Rosier (qui peut aussi procéder du nom germanique *Rotharius*); Rouve (chêne), et Rouvelet pour Rouveret; Salès, Salesse, Salgue, Salse (*salix capræa*); Sahuc (sureau), Sahuguet; Serieys (cerisier); Tremolet (dim. de *tremol*, tremble), Tremolières; Vaysse (coudrier), Vayssette, Vayssier; Vern (aulne), Vernet, Vergne, Vergnet.

A ces noms botaniques de personnes répondent chez nos voisins du Midi ceux, non moins familiers, de Vigne, de Figuier, de Laurier, d'Olivier. Si nous montons au Can-

---

(1) Le mot *burc* s'est conservé dans notre langue comme nom commun dans son augmentatif ou péjoratif *burgas*, grosse touffe de bruyère.

(2) Le mot *Aguifol* ou *Guifol* est également employé en rouergat avec le sens de château d'eau; il dérive dans ce cas d'une forme latine dont le radical est *aqua*, peut-être *aquifluum*.

(3) Ce mot s'écrit en rouergat l'*Olmieira* ou l'*Oumieira*. Dans la francisation de nos noms de famille ou de lieu on rend notre diphtongue *oï* par le signe de la diphtongue *au*, ce qui peut induire en erreur l'étymologiste. C'est ainsi encore qu'on écrit aujourd'hui *Castelnau, Lostalnau* pour *Castelnou, Lostalnou*, et *Massabuau* au lieu de *Massabuou*.

tal, nous trouvons là en grand nombre les Delpy (du pin) et les Pignède (bois de pin).

La faune n'a fourni qu'un très petit nombre de noms de famille ; nous citerons : Alaus (alouette), Alauzet ; Auriol (loriot) ; Cabrol (chevreuil), Cabrolier (*capreolarius*) ; Colomb (pigeon) ; Corp (corbeau) ; Esquirol (écureuil) ; Gal (coq) ; Moisset (hobereau) ; Pourcel (*porcellus*) ; Singlar (sanglier) ; Raynal (renard, dérivant comme nom de famille de *Ragnovaldus*, pris pour *Raginardus*, autre mot composé germanique dont le sens est *fort dans le conseil*, et qui a été donné au xie siècle comme sobriquet à l'animal qui porte aujourd'hui cette appellation, mais dont le vrai nom, en langue d'Oc, ainsi qu'en langue d'Oïl, était *Golpil*) ; Rossi (cheval) ; Rossignol ; Vedel (de *vedel*, veau, ou plus probablement de *bedel*, bedeau).

Quelques noms de peuple et d'habitants de pays ou de ville apparaissent çà et là dans la longue liste de nos noms de famille. On peut citer les suivants : Ala et Lala (Alain) ; Bergougnou (Bourguignon) ; Caldaguès (habitant de Chaudesaigues) ; Catala (Catalan) ; Franc et Francès ; Gasc (Gascon) ; Got (Goth) ; Limousy (Limousin) ; Maur, Maurel (Maure) ; Peytavi (Poitevin) ; Poulhès (habitant de la Pouille) (1) ; Thoulse, pour Tholsà (Toulousain) ; Turq.

De la présence et de la fréquence plus ou moins grande ou de l'absence dans le catalogue des noms de famille du Rouergue des divers noms de peuple, il est permis de tirer certaines inductions quant aux relations qui peuvent avoir existé entre notre province et les peuples que ces désignations rappellent. Quelques noms de province : Quercy (Caerci) ; Gavauda, nom rouergat du Gévaudan.

Parmi ceux de nos noms propres qui ne parlent plus, il en est beaucoup qui appartiennent à la vieille langue d'Oc. Ils désignent, soit des qualités personnelles ou des défauts, soit des professions. Dans ce groupe nous citerons : Astruc, heureux ; Baurès, adjectif tiré de *baur*, précipice (le Baur de Bozouls) qui se rencontre dans le

(1) Ce mot *Polhes* est donné dans le dictionnaire de rimes du *Donatus provincialis* et y est traduit par *Apulus*.

nom de lieu *Puech-Baurès.* Cette racine a donné aussi le
verbe *embaurar,* effaroucher. Bédos, voulant dire à la
fois bègue et étranger; Douls, doux; Jausion, joyeux;
Guers, *strabo;* Ranc, *claudus* ; Rech, droit; Massip,
jeune garçon; Savy, sage; Carrier, charron; Biargue
(*biarchus*), commissaire de vivres (??); Cuoc, cuisinier; Ro-
mieu, pèlerin; Maillabuau, Matabuau; Massabuau, sacri-
ficateur de bœufs; Metge, médecin; Olier, potier;
Ortola (écrit aussi fautivement Ortolo), jardinier; Jou-
glar, jongleur; Parayre, apprêteur, et son diminutif
Palayret, pour Parayret; Saltre, tailleur; Sedassier,
fabricant de tamis; Soubeyre, supérieur; Soulier, *solea-
rius ;* Villa, *villanus ;* Niel, *nigellus ;* Viguier, *vicarius,*
viguier; Volpelier, *vulpecularius ;* Cabrolier, *capreolarius.*

Nos innombrables Ferrier, *ferrarius,* et Ferrieu, *ferreus,*
semblent attester que l'industrie du fer date de loin dans
notre pays, et que ce n'est pas d'aujourd'hui qu'elle y
occupe une grande place. Nous possédons aussi quelques
Argentier. Au moyen-âge, ce mot voulait dire orfèvre.

A ces noms *ne parlant plus,* qui rappellent les professions, les qualités, les défauts des personnes, on peut en
joindre encore un grand nombre appartenant également
au vocabulaire de la langue d'Oc; mais ce sont des expressions géographiques, topographiques et autres noms
de choses. En voici seulement quelques exemples : Barry,
faubourg; Barthe, Labarthe, hallier; Bosc, bois; Bou-
jal, soupirail; Bruel, breuil; Caviale (*Capviala,* littéralement *chef-route,* c'est-à-dire route principale ?); Cam-
mas (*Capmas, chef-hameau*); Camp, champ, et Delcamp;
Calm, Lacalm, plateau aride; Caze, Casal, casature;
Causse, plateau calcaire; Couderc, pâture autour de la
maison rurale; Combe, mot qui indique une dépression
de terrain ou petit vallon en forme de conque; Font, La-
font; Frau, Fraus, terre inculte (1); Gache, guet, et
quartier de ville; Gaven, soc de charrue; Ladous (*la doz*),
source; Mazuc, buron; Parra, Laparra, enclos de ferme;
Pouget (diminutif de *puech,* voir ci-après); Poujol, *podio-*

---

(1) Le breton a *fraost,* qui veut dire inculte (V. Legonidec).

lum ; Puech, Delpuech, Delpech, *podium,* que nos notaires traduisaient jadis par *De podio* dans les actes rédigés
en latin ; Prat, pré ; Rieu, Delrieu, ruisseau ; Selve,
bois ; Ségalar, pays à seigle ; Serre (*serra*) et Serre (*serre*),
croupe de colline ; Terral, Tarral, ouest, et vent d'ouest ;
Vaurs pour Baurs, précipice ; Viale (*vidla*), diminutif de
via ; Vialar, habitation située sur une route (?), relai de
poste (?) ; Villar, Villars, *villaris, villares,* répondant au
français Villier, Villiers (1).

Les noms composés sont assez rares. Nous avons déjà
cité, dans cette classe, Massabuau, et deux autres noms
en *buau* (dans l'orthographe de la langue d'Oc, *buou*) dont
la série se complète par Garabuau. Ajoutons-y : Bona-
fous, Bonnefous (en langue d'Oc *Bonafòs = bon A fos*, littéralement *bon Alphonse*) ; Bonhomme (*Bonome*) ; Bonpar
(*bon par*, littéralement *bon pair*, bon compagnon) ; Bou-
cays (*Bocays*, littéralement *bonne mâchoire*) ; Boulouys
(*Boloys*, littéralement *bon Louis*) ; Bounhol, Bouniol (*Bo-
niol, bon œil*) ; Cambafort ; Capgras ; Capprim ; Capplat ;
Gaffafer ; Gratacap ; Malaterre ; Malpel ; Matamosque ;
Passarieu ; Ricome ; Taillefer ; Viraven ; Versepuech.

Nous bornant pour cette fois à ces quelques indications
en ce qui a trait aux noms de famille, nous allons jeter
maintenant un coup d'œil sur les noms de lieux.

Ceux-ci datent pour la plupart d'avant la conquête
romaine, et on peut jusqu'à un certain point en induire
qu'à cette époque reculée la contrée était couverte d'une
population rurale qui ne devait pas être moins dense que
celle qui l'habite aujourd'hui. Les centres de création mo-

(1) Nous sommes surpris de rencontrer dans le *Dictionnaire topographique du Gard,* par M. Germer-Durand, ces deux noms de Viale et
Vialar ou Viala, traduits par *Villa* et *Villaris* d'après des chartes latines
des XII° et XIII° siècles. Ces deux formes latines donnent déjà à la langue
d'oc *Vila* et *Vilar* par une transformation régulière, il nous échappe entièrement comment *vidla* et *vialar* pourraient procéder de ces mêmes primitifs.
N'est-il pas à présumer que les noms de lieu dont il s'agit auront été latini-
sés au moyen-âge sur une forme romane dont le traducteur n'aura pas
compris le sens et qu'il aura confondue avec des paronymes ?

derne ne forment pas, suivant toute vraisemblance, l'équivalent de ceux des temps gaulois qui ont disparu de la carte, et il n'est pas douteux que beaucoup eurent cette destinée. Entre autres indices, ce qui peut nous faire croire qu'il en fut ainsi, c'est que les noms celtiques de quelques-uns de nos hameaux sont dérivés d'autres noms de localités habitées, lesquelles ne se retrouvent plus. Ainsi le nom de *Bajaguet* est le diminutif d'un *Bajac* qui n'a plus aujourd'hui d'application. Pareillement des dérivés *Peillaguet* et *Barsagol*, dont les primitifs, *Peillac* et *Barsac*, sont également absents. A cette remarque, nous ajouterons la suivante, qui la confirme : En parcourant les matrices de notre cadastre aveyronnais on rencontre beaucoup de noms qui furent, leur forme l'atteste, des noms d'habitations, et qui ne désignent plus maintenant que de simples parcelles de terre.

Quand nous parcourons le précieux catalogue des lieux habités du département de l'Aveyron que nous devons à M. Dardé (1), un fait intéressant nous frappe, c'est que chaque grande période de notre histoire est marquée par une sorte de dénomination topographique d'une fréquence particulière. Dirai-je qu'elle est celle de ces dénominations qui a le privilége de caractériser l'époque présente ? Elle n'est pas précisément flatteuse : c'est celle de *barraque*, qui, on le sait, désigne une auberge solitaire improvisée sur le bord d'un grand chemin. Le relevé de M. Dardé ne nous offre pas moins d'une litanie de cent dix-huit exemplaires de *Barraque*, *Barraquette* ou *Barracou*, et cette liste, n'en doutons pas, sera accrue dans la prochaine édition de l'ouvrage.

Si un jour nos langues modernes s'éteignent à leur tour et finissent par être oubliées, ce nom de lieu habité, qui aura persisté, mais qui n'aura plus qu'une acception individuelle et énigmatique, intriguera les étymologistes de ce temps à venir. Pourquoi, se diront-ils, les Aveyronnais d'il y a deux mille ans affectionnaient-ils de la

(1) *Dictionnaire des lieux habités du département de l'Aveyron*, par J.-L. Dardé, chef de division à la Préfecture de l'Aveyron. — Rodez, 1868.

sorte ce nom de *barraque*, qu'il ait obtenu si souvent leur préférence quand ils avaient à faire choix d'un nom pour leurs demeures ? Quelle pouvait donc bien être la signification de ce terme dans le langage d'alors?

Cette curiosité et cette perplexité en présence du nom de lieu en question que nous supposons chez nos confrères d'un avenir lointain, c'est justement notre cas, c'est là précisément l'état de nos propres esprits en face de certains autres noms de lieu qui se répètent à satiété, mais dont le sens intrinsèque est aujourd'hui une énigme. D'où proviennent donc tous les Cassagne, Cassagnolle, Cassagnette, Cassan, Cassanis et Cassanus, sans parler de Cassahodres, qui remplissent à eux seuls plusieurs colonnes de l'inventaire de M. Dardé? Que dire encore de cette autre famille de noms : Caylar, Caylaret, Caylarou, Caylie, Caylou, Caylus, Caire, Cayrac, Cayrel, Cayrol, Cayrou, Cayroule, Cayroulie, Cayrouse et Cayrugue (1), qui occupe également une si large place dans le même recueil?

Assurément, ce sont là des dénominations caractéristiques dans lesquelles se peignent, au moins par certains côtés, les époques historiques qui leur correspondent. La création *è nihilo* d'un réseau de voies carrossables couvrant notre territoire départemental qui, il n'y a guère que cent ans, ne possédait pas encore une seule route, et l'établissement d'un mouvement de roulage jusque-là inconnu entièrement; l'éclosion de ce nouveau système d'organes et de cette vie de circulation qui appartient en entier aux deux premiers tiers de ce siècle, tout cela se résume, comme en un symbole, dans ce mot vulgaire de *barraque*. Le mot *cassagne*, et le mot *cair* et ses dérivés, ne symbolisent-ils pas, eux aussi, quelque fait social marquant du temps où ces dénominations furent adoptées avec tant de faveur et appliquées en si grand nombre ?

(1) Le radical *cair* se retrouve encore probablement dans le nom du lieu dit *Caymar* (écrit improprement Kaymar), qui serait pour *cair-mar*, et devrait se traduire par *grand rocher* ou *grand château fort*, *mar* ayant la signification de *grand* en langue gauloise. Du même radical s'est formé un adjectif *cailes* que nous découvrons dans un nom de hameau, *Valcaylès*, mot qui doit avoir le sens de *vallis lapidosa*.

Oui, cela est tout au moins probable. Il y a donc un intérêt historique réel dans l'étymologie de ces noms et de tous leurs analogues.

Chacun a remarqué la fréquence de la terminaison *ac* dans les noms de nos hameaux, de nos villages, de nos bourgades. Ce suffixe est gaulois; il donne une valeur qualificative au substantif auquel il s'ajoute, et en fait ainsi un adjectif qui peut par la suite être pris substantivement. Cette désinence était le propre des noms des domaines ruraux, des métairies; pour former ces noms, on l'ajoutait, tantôt à celui du propriétaire, tantôt à un mot désignant quelque objet, quelque circonstance locale distinctive (1). Voici l'interprétation de quelques-uns de ces intéressants vocables :

Cayrac veut dire littéralement *pierreux*, et s'appliquant à la désignation d'une métairie, il doit se traduire par la *pierreuse*, ou la métairie *aux pierres*. Noalhac est semblablement la ferme *aux petites prairies*. Brenac comporte ces deux traductions : le domaine du *bren*, du chef, ou le domaine aux *joncs*, comme qui dirait de nos jours *la jonquière*. Bouillac veut dire la ferme *à la mare* ou au *bourbier*, etc.

Tous les noms de lieux en *ac* ne sont pas purement gaulois; ce suffixe s'unit encore à des noms romains, et les noms ainsi composés témoignent conséquemment de la période gallo-romaine. Parmi ces noms hybrides, la plupart ont pour radical un nom d'homme; mais ce radical, chez quelques autres, est un nom de chose, et peut-être même un adjectif. Nos conquérants ne s'étant guère donné

(1) Des étymologistes mal informés ont voulu voir dans la terminaison *ac* un mot gaulois signifiant *eau*, ce qui est de pure invention. Que *ac* est une désinence adjective ne peut plus faire doute quand on observe que, dans le latin des Gallo-Romains, cette particule est employée pour faire un adjectif d'un substantif. Ainsi Grégoire de Tours écrit toujours *parisiacus* au lieu de *parisiensis*. Et en second lieu on a la certitude la plus positive que ce suffixe qualificatif s'associait aux noms propres d'hommes pour former des noms de lieu quand on rencontre dans les vieux auteurs des passages comme celui-ci : ... *locus qui a Carbone viro inclyto. Carboniacus dicitur*. (Mabillon, *Act. Sanc.* 4, 2, 241).

la peine d'étudier la langue des vaincus, ils tombèrent dans des méprises comparables à celles que commettent les Européens de nos possessions d'Afrique dans l'emploi des mots arabes qu'ils cherchent à s'approprier. Bref, les Romains, semble-t-il, rencontrant cet *ac* associé à tous les noms de domaines, crurent qu'il signifiait domaine, qu'il avait toute la valeur de leur mot *villa*. Et alors, tout en adoptant ce mode d'appellation pour leurs villas gauloises, ils en composèrent les noms en faisant précéder *ac* du nom latin du propriétaire mis au génitif. L'*i* caractéristique de ce cas pour la première déclinaison se retrouve, en effet, tel quel ou remplacé par son équivalent phonique, dans tous les noms de cette catégorie. Citons quelques exemples : Albagnac, *Albani-acum;* Aubignac, *Albini-acum ;* Crespiac, *Crispi-acum ;* Marcillac, *Marcelli-acum.*

Les suivants sont des exemples de noms en *ac* ayant pour radical latin un nom commun : Aunhac, de *alnus*, aune; Balsac, ou mieux Valsac, de *valhs*, valée (1); Carrayrac, du bas latin *carraria*, chemin de charrettes, ou de *carrarius*, charron; Cavaillac, de *caballus;* Granayrac, de *granarium;* Lormac, L'Ormac, L'Olmac, de *ulmus ;* Pinhac, de *pinus;* Prunhac, de *prunus ;* Pradalhac, de *pratalis*, dérivé de *pratum ;* Vignac, de *vinea*, vigne ; Volpillac, de *vulpecula*, renard.

Magnac doit probablement se traduire *domaine de Magnus*, mais il est possible qu'il signifie le *grand domaine*. Majorac ne peut guère s'interpréter autrement que le *plus grand domaine*, au comparatif, et Maymac peut être de son côté *le plus grand domaine*, au superlatif, sinon le domaine de *Maximus*.

Caumelhac, *Calmiculiacum* (de *calm*, plateau aride) et Noalhac, *Noaculiacum*, déjà cité (2), sont des hybrides

(1) L's de liaison de Valsac est celui du génitif de *vallis*.

(2) On rencontre dans Grégoire de Tours un *Noviliacum*, qui se rapporte à un des Neuilly du pays d'Oïl. Est-il en même temps l'homonyme de nos *Noalhac* méridionaux? Cela est vraisemblable. Mais dans ce cas notre transcription latine *Noaculiacum* est erronée, car au temps de Gré-

d'une catégorie rare formés de la désinence gauloise *ac*
et d'un radical également gaulois, mais soumis à la forme
d'un diminutif latin.

Cette profusion de noms de lieu en *ac*, dont notre territoire rouergat est pour ainsi dire tout pavé, constitue
un document d'une authenticité et d'une importance in-
contestables : il semble apporter la confirmation d'un fait
social attesté par d'autres témoignages historiques, à
savoir que, à l'époque dite de l'indépendance gauloise et
à l'époque de la domination romaine, notre pays était
soumis au régime de la grande propriété, dans laquelle la
possession du sol rentrait peut-être tout entière.

Nos dominateurs germains se firent propriétaires terriens, en Rouergue, dès le début de l'invasion ; mais ils
ne baptisèrent pas leurs possessions rurales à la manière
gauloise ou gallo-romaine. Parmi nos innombrables noms
en *ac*, je n'en connais pas un seul (et je les ai observés
tous, un à un, et avec soin) offrant un radical tudesque
avéré. Au contraire, dans le nord de la France, il se
rencontre un assez grand nombre de localités d nt les
noms présentent cette formation. Par exemple, les *Car-
liacum*, *Theodbertiacum* et *Tiridiciacum* de la géographie
mérovingienne qui, de nos jours, sont représentés par
Charly, Diettwiller et Château-Thierry.

goire de Tours le suffixe diminutif latin *cul...* n'avait pas encore subi la
métamorphose phonique du *l* mouillé dont on pourrait admettre à la rigueur
que cet écrivain eût cherché à figurer le son par cet assemblage de lettres,
vili. Le plus probable est alors peut-être que *Noalhac* doit se traduire
par *Noaliacum*, qui serait formé d'un adjectif *noalis*, dérivé d'un
primitif *no*, comme *Pradalhac* (autre nom de lieu en Rouergue), en
latin *prataliacum*, est formé de l'adjectif *pratalis*, fait de *pratum*,
que nous retrouvons dans d'autres noms de lieux sous la forme romane
de *Pradal*. Mais resterait encore cette difficulté : pourquoi Grégoire de
Tours écrirait-il *Noviliacum*, et non pas *Novaliacum?* Cette variation
pourrait s'expliquer par une différence dialectale entre le gaulois du nord
et celui du midi, déjà attestée par des contrastes analogues. C'est ainsi que
Clipiacum (Clichy-la-Garenne) est formé d'un radical *clip*, pierre, qui
dans le midi de la France est représenté par *clap*. Ajoutons que le radical
de *Noalhac* se rencontre isolément, sur notre matrice cadastrale, comme
nom propre de prairie, dans le mot *Noaille (Noalha)*.

Cependant, tel n'est pas lo type caractéristique des noms affectés aux domaines ruraux des Francs dans le nord : le plus souvent les nouveaux propriétaires terriens de cette région appelèrent leurs maisons des champs du nom latin *villa* ou de celui également latin de *cors*, *cortis*, devenu *curtis*, qu'ils firent précéder de leur nom personnel. De là, pour ne citer que quelques exemples, *Bazoniscurtis*, Bazoncourt; *Belciardicurtis*, Burtricourt; *Theodalcicurtis*, Thiaucourt; *Ansaldivilla*, Ancerville; *Alnaldivilla*, Arnaville; *Invaldivilla*, Waville. Or, cette coutume resta entièrement étrangère à ceux des Barbares qui s'établirent dans notre province; mais ceux-ci néanmoins eurent leur manière à eux de faire entrer le nom du possesseur dans le nom du domaine, et même, dans ce but, ce n'est pas un seul procédé onomastique, mais plusieurs, qui furent employés, soit concurremment, soit à des périodes différentes. Nous les ferons connaître tout à l'heure.

Revenons aux formes dénominatives qui correspondent aux périodes gauloise et gallo-romaine.

Dun signifiait hauteur et forteresse chez les Gaulois; l'on sait d'ailleurs que cette particule entrait dans le nom d'un grand nombre de leurs villes qui étaient bâties sur des éminences. Cependant il est resté peu de traces de cet élément dans nos appellations topographiques du Rouergue. Nous citerons : Autun, dans la commune d'Huparlac; trois Verdun, dans les communes de Balaguier, Quins et Sanvensa; Galdun, dans la commune de Cassuéjouls, et Dunet, dans celle de Viviers.

Ce sujet nous amène à parler de *Segodunum ;* nous allons dire brièvement ce que nous savons de plus avéré sur l'étymologie tant controversée parmi nous du nom ancien de notre chef-lieu.

D'après les celtistes les plus autorisés, d'après le baron de Belloguet (1), notamment, notre Segodunum, ou plus exactement *Segdun*, serait l'homonyme du germanique

(1) *Ethnogénie gauloise*, par le baron Roget de Belloguet, 2ᵉ édit., p. 351.

Sigtun, la cité d'Odin, et signifierait littéralement le mont ou le château fort *de la victoire*.

De *Segodunum* à *Rutheni* la transition est presque inévitable : ajoutons donc que, d'après les mêmes auteurs, le sens littéral de ce dernier nom n'est autre que ceci : *les rouges*.

Qu'est-ce qui aurait valu cette épithète à nos devanciers ? La noblesse gauloise aurait-elle été plus blonde ou plus rousse ici qu'ailleurs (car le portrait classique des Gaulois ne s'appliquait en réalité qu'à leurs nobles) (1) ?

Les celtistes proposent une deuxième version du mot *Rutheni ;* il peut se traduire encore, croient-ils, par *hilares*, les joyeux (2). A ce compte, les anciens habitants de notre ville et de notre province se seraient fait remarquer par leur belle humeur, et c'est à cette heureuse disposition, qu'ils ont peut-être oublié de transmettre à leurs descendants, ainsi que quelques autres, que leur nom serait dû.

Certains écrivains, et M. de Gaujal entre autres, font dériver le nom des Ruthènes de celui de leur déesse Ruth ; c'est là un parfait contre sens. La déesse Ruth est une *divinité topique* que nos ancêtres se créèrent de toutes pièces pour en faire leur patronne, et dont ils tirèrent l'idée, les attributs et le nom, de leur propre nom à eux. C'est de même que *Rotomagus*, littéralement la *ville du gué*, Rouen,

---

(1) La *Pharsale* contient une allusion à la chevelure blonde des Ruthènes :

  Solvuntur flavi longa statione Rutheni.

Mais c'est là un lien commun qui est toujours sous la plume des auteurs anciens quand il s'agit des Gaulois. Le sixain suivant, un dicton du pays, contient peut-être un renseignement plus sérieux. On fait parler ainsi un Lozérien :

  Tres shian
  Del Givaudan
  Contra un Ruergà
  Tot rosselà.
  Nos pressava, lo pressavian ;
  Se foshian shiey, lo crevashian !

(2) *Grammatica celtica*, par Zeuss, 2ᵉ édit.. p. 15.

se donna de cette façon une protectrice dans l'Olympe gallo-romain en inventant la déesse Roth. Dans ces deux cas, comme dans une multitude d'autres, les divinités tutélaires des villes n'étaient autre chose que des noms de cité faits dieux. C'est en vertu du même procédé théogonique que le célèbre dieu gaulois Teutatès, le grand dieu de la Nation, est né du mot *teut* qui veut dire *peuple*, et qu'un autre dieu gaulois très important, *Dunatès*, protecteur des forteresses, doit son existence au mot *dun*, nom générique des forteresses.

Ceci nous amène à dire, pour ceux qui l'ignoreraient, quelle est la vraie filiation étymologique du nom moderne dé notre ville et du nom de notre province.

Rodez, qui en langue d'Oc s'écrit *Rodes* (par *s*), n'est pas autre chose que le mot *Ruteni*, ou plutôt *Rutenos* (à l'accusatif) modifié conformément aux lois de la phonologie romane; Rodez est le nom même du peuple dont cette ville était la capitale, c'est un nom pluriel, comme l'indique l's terminal; et à ce propos nous ajouterons que les noms de la plupart des chefs-lieux de nos anciennes provinces sont d'une formation analogue. Contentons-nous de citer comme exemples : Cahors, *Cadurcos*; Javaux, *Gabalos*; Limoges, *Lemovices*; Chartres, *Carnutos*; Bourges, *Bituriges*; Poitiers, *Pictavos*; Paris, *Parisios*.

Rouergue, d'après certains étymologistes, devrait s'interpréter par *ruthenensis ager*; c'est une erreur. *Ager* n'est pour rien dans la finale *ergue*, et est absolument étranger à la composition de notre mot. Rouergue est purement et simplement la métamorphose provençale (*langue provençale* est employé par nous comme une expression synonyme de *langue d'Oc*) de l'adjectif *rutenicus*, qui était d'abord suivi de *pagus*, qu'on s'est borné plus tard à sous entendre. Cette transformation s'est opérée suivant la même loi qui a fait passer les mots latins *dominicus*, *manica*, *manicum*, *monachus*, à l'état de *domergue*, *marga*, *margue*, *morgue*, dans la langue d'Oc. Du reste, ce fait linguistique avait été reconnu déjà au temps de Hadrien de Valois, qui s'exprime ainsi à ce sujet dans sa *Notitia Galliarum :* « Ex *Rutenico*, fecere nostri *Rodinigum*, *u* in *o*, *i* in *d*, *e* in *i*, *c* in *g*, mutatis ex more ; ex Rodingo, Rouërgue, *o* in *ou*, *i* in *e*, *n* in *r*, conversis. » (1).

Tous nos mots rouergats, tant adjectifs que noms communs ou noms propres en *argue*, *ergue*, *orgue* et *ourgue*, tels que Coussergue, Caylergue, Campergue, Valsergue, Lissorgue, Canourgue, dérivent d'un thème latin en *anicus*, *enicus*, *inicus* ou *onicus*.

Ne quittons pas Rodez sans indiquer l'étymologie probable du nom de la rivière qui coule auprès et qui a servi à nommer notre département. *Avayron* suppose une forme latine primitive *Avario* qui se décompose en deux éléments celtiques, *av* voulant dire *eau*, et *ar* signifiant *tranquille*. Aveyron est donc synonyme d'*eau tranquille* (2). (L'orthographe officielle *Aveyron*, par un *e*, est fautive ; la langue d'Oc écrivait et prononce encore *Avairò*).

Nous passerons maintenant aux autres formes de noms de lieux que nous avons signalées comme caractérisant les temps gaulois ou gallo-romains.

Le mot *cair* (qui a pour variante *cail*), suivi de son nombreux cortège de dérivés et de composés énumérés ci-dessus, est purement celtique. On le retrouve dans tous les dialectes vivants de cette langue avec la multiple signification de *pierre* et *rocher*, de *maison* et de *ville*, de *château* ou *lieu fortifié*. Cette ruine intéressante, écart de Nauviale, qui dans la langue du pays s'appelle *Bel-Caire*, est en effet le débris d'un *beau château*, en même temps qn'un pic rocheux magnifiquement abrupte.

Que nous révèle donc le radical *cair* ou *cail* sur les con-

---

(1) *Op. cit.* p. 492.

(2) Les deux racines *ar* et *av* se rencontrent, soit réunies, soit isolément, dans divers noms de rivière, tels que *Avara* (l'Èvre), *Samara* (la Somme), *Autara* (l Eure), *Arar* (la Saône), *Arauris* (l'Hérault) ; l'Avon (Angleterre), l'Avedon, l'Avègne, l'Avène, ruisseaux du département du Gard, mentionnés dans le *Dictionnaire topographique* du Gard de Germer-Durand.

Sur la racine *av*, voir Belloguet, *Ethnol gaul.*, 2ᵉ édit., p. 427, et Legonideo, *Dict. bret.*, au mot *aven*. Sur la racine *ar*, voir Zeuss, *Grammat. celt.*, 2ᵉ édit., p. 11, notes.

ditions matérielles et morales de la contrée à l'époque où il devint d'un emploi si étendu dans la confection des noms de lieu? Le grand usage qui fut fait de ce genre de dénomination topographique chez les Ruthènes répond d'abord à l'un des caractères géologiques les plus saillants de leur territoire, et secondement à l'état permanent de guerre intestine de la société gauloise, état auquel la conquête romaine vint mettre un terme, et qui reparut à la chute de l'Empire lorsque le pays reçut de nouveaux maîtres pour être de nouveau plongé dans une longue barbarie.

Le nom de lieu très répandu de Cassagne, que nous avons mentionné plus haut, date de l'époque gallo-romaine. Que signifie-t-il originairement? On s'est souvent adressé cette question, on s'est même escrimé à déchiffrer cette énigme étymologique. Nous nous souvenons qu'un savant du pays n'hésita pas à interpréter ce mot par *casa agnorum;* ce fut là, à notre avis, une témérité trop grande. Notre tentative à nous sera-t-elle plus heureuse? On en jugera.

Dans *Cassagne* — auquel nous restituerons pour le moment son orthographe provençale, et que nous écrirons dès-lors *Cassanha,* — nous devons distinguer d'abord deux éléments, un radical et une terminaison. Dans celle-ci on reconnaît à première vue le suffixe adjectif latin *ius, ia, ium,* lequel confère au substantif auquel il est associé un sens de possession, de collectivité ou d'emplacement et d'habitat, et qui sert notamment à faire d'un nom national d'homme un nom de pays, comme *Italia, Germania, Hispania,* d'*Italus, Germanus, Hispanus.*

Dans le latin classique, le mode presque exclusivement employé pour tirer du nom d'une espèce d'arbres donnée celui d'une collection de ces arbres, ou de la place où ils se trouvent réunis en masses sur le sol, consiste dans l'addition du suffixe *etum* au radical du premier mot. Ainsi de *castan-ea, querc-us, ulm-us, fraxin-us, tremul-us,* ont été faits *castanetum, quercetum, ulmetum, fraxinetum, tremuletum.*

Ce suffixe *etum* a pour homonyme ou équivalent étymologique, en langue d'Oc, le suffixe *eda*, que nous rencontrons dans *pomareda*, *besseda*, *tremoleda*, *olmeda*, etc. Cependant, à cette forme d'abord unique, le latin galloromain en adjoignit une deuxième tirée de ce suffixe *ius*, *ia*, *ium*, dont nous parlions tout à l'heure. Mais au lieu d'employer ce suffixe au féminin, comme dans les noms de pays, on l'employa au neutre pour l'appellation des collections d'arbres de chaque espèce. Puis par l'effet d'une méprise qui, dans un grand nombre de cas, a transformé les neutres pluriels en féminins singuliers — témoins : *mirabilia* devenu *merveille*; *batualia*, devenu *bataille*; *muralia* devenu *muraille*, — cette forme *ium*, ainsi que la forme synonyme *etum*, neutre en latin, devint, en roman, une forme féminine. Ainsi les mots au type ancien, *tremuletum*, en provençal *tremoleda*, *vernetum*, en provençal *verneda*, eurent pour variante *tremulium* et *vernium*, puis *tremulia* et *vernia*, qui passèrent finalement à l'état de *tremolha* et *vernha*.

Les collectifs de plusieurs espèces d'arbres furent même exclusivement formés sur ce dernier modèle, et au lieu de *fraxinetum* on employa *fraxinium*, *fraxinia*, d'où le provençal *frayssinha*; au lieu de *prunetum*, on fit *prunium*, *prunia*, qui donnent, en langue d'Oc, *prunh* et *prunha*, etc.

Tout est prêt maintenant pour la solution de notre problème de *Cassanha*. La terminaison *nha* résulte, c'est bien connu, d'une fusion opérée entre la flexion ou suffixe *ia* et un *n* contigü terminant le radical. C'est ainsi que *Allemania* fait *Alemanha*, et *Hispania*, *Espanha*; et, pour en revenir à nos noms collectifs d'arbres, c'est encore ainsi que *fraxinia* et *vernia* ont donné *frayssinha* et *vernha*.

Notre mot provençal *cassanha* répond donc à la forme latine *cassan-ia*. Un radical *cassan* se dégage ainsi de cette analyse. Quelle sera sa signification? Sera-ce un nom d'arbre jouant dans *cassanha* un rôle analogue à celui du radical *fraxin* dans *frayssinha*, *fraxinia*? — Oui, certainement, et ce mot *càssan* (avec l'accent tonique sur la première syllabe) nous le trouvons dans Ducange latinisé en *casnus*, lequel n'est, suivant toutes les probabilités de l'analogie, qu'une contraction de *cassanus*, ou *cassenus*, ou *cassinus*, et que l'auteur traduit par *quercus*; et nous le trouvons enfin dans la vieille langue d'Oc, et aussi dans plusieurs de ses patois modernes, dans le mot *casse*, pour *cassen*, qui veut aussi dire chêne.

Nous avons constaté que cette forme féminine *cassanha* possède à côté d'elle une forme masculine jumelle procédant directement du neutre latin en *ium* : *cassan* (= *cassanium*) avec l'accent tonique sur la dernière syllabe, qui dans l'orthographe de la langue d'Oc s'écrit avec un *h* à la fin, cet *h* tenant la place de l'*i* absorbé de *ium*, et mouillant effectivement l'*n* dans les dérivés, comme par exemple dans Cassagnol (*Cassanhol*) et Cassagnou (*Cassanhò*).

Le thème Cassan (*cassanh*) a pour analogue Castan (*castanh*), dont la forme latine est *castanium*. Ce dernier n'a point donné à la langue d'Oc le féminin *castanha*, par *castania*, avec le sens de châtaigneraie, ce mot de *castanha* existant déjà dans cette langue avec la signification de châtaigne, et procédant du latin *castanea*. Mais si le *castanha* de *castanium* ne se trouve pas dans notre langue en tant que primitif (et cela pour le motif ci-dessus indiqué), il y existe virtuellement dans son diminutif *La Castagnolle* (lieu de la commune de Rebourguil), qui coïncide exactement avec le diminutif de Cassagne, *La Cassagnolle* (communes de Loupiac et de Sainte-Geneviève).

Si pour établir que Cassan et Cassagne eurent primitivement la signification de *forêts de chênes* de nouvelles preuves étaient nécessaires, nous fournirions encore la suivante. Dans les départements du midi il se rencontre plusieurs localités du nom de *Cassagnac*, mot qui est transcrit en *Casseniacum* dans les titres du moyen-âge. Or, le département de la Nièvre possède un village du nom de *Chasnay* dans lequel nom on ne saurait s'empêcher de voir un proche parent du mot *chênaie*. Maintenant ce Chasnay, M. Houzé, dans ses *Lettres sur les noms de lieux*, nous apprend qu'il figure dans un acte en latin du ixe siècle sous cette même forme de *Casseniacum* (1). La conclusion à tirer de ce rapprochement se dégage d'elle-même.

(1) M. Masson, sous-bibliothécaire communal, vient de me communi-

Et, cela dit, pourquoi les chênaies avaient-elles tant d'importance chez nos Ruthènes à l'époque où furent fondés tous nos Cassagne et Cassan avec bien d'autres sans doute dont la trace s'est effacée ? Nos pères gaulois avaient-ils donc une tendance à établir leurs demeures dans le voisinage des lieux ombragés par l'arbre des Druides? Ou cette association de tant de localités habitées avec le nom de cet arbre indiquerait-elle tout bonnement qu'alors le chêne était très abondant, ou bien encore accuserait-elle un fait tout opposé, c'est-à-dire que les étendues en bois étaient restreintes et circonscrites, ce qui les rendait plus distinctes, les signalait davantage à l'attention ? Quoiqu'il en soit, cette question, que nous ne nous chargeons pas de résoudre, évoque ce passage des *Commentaires : ...œdificio circumdato sylva, ut sunt fere domicilia Gallorum, qui vitandi œstus causâ plerumque sylvarum atque fluminum petunt propinquitates.* Cæsar, vi. 30.

Parmi les autres noms de lieux datant de l'époque gallo-romaine il en est une classe importante qui sont terminés en *uéjouls*, en langue d'oc, *uejols*. Cette désinence a piqué vivement la curiosité de nos étymologistes, et on a cru y découvrir un mot celtique voulant dire *eau;* M. de Gaujal, notamment, s'est fait l'éditeur responsable de cette opinion. C'est là, croyons-nous, une erreur, mais la bonne solution du problème n'en reste pas moins assez difficile à dégager. Celle que nous allons proposer nous paraît avoir de très fortes probabilités pour elle.

Le suffixe en question n'est pas autre chose, à nos yeux du moins, qu'une corruption barbare (mais d'une barbarie gauloise, et non germanique) du suffixe diminutif latin *olus*, qui se rencontre dans les mots tels que *filiolus, capreolus, gladiolus, ostiolum, lusciniola,* et qui aurait passé à l'état de *oiòlus* et *ojòlus* chez les Gallo-Romains. L'exemple

quer un dictionnaire languedocien-français, imprimé à Nîmes, sans nom d'auteur, en 1785, où se lit l'article suivant :

« Cassagno, nom propre de lieu très-répandu, et qui pour cette raison « a dû avoir une signification que nous croyons être celle de chênaie. » Son diminutif est *Cassagneto;* son augmentatif, *Cassagnas* ou *Cassa-* » *nas*, tous noms propres, dont le primitif paraît être *casse*, chêne. »

le plus ancien, a notre connaissance, de cette forme corrompue est le mot *Rotoialum* que nous présumerions être
une mauvaise leçon ou une variante dialectale de *Rotoio-
lum*. Ce mot est employé par Grégoire de Tours pour désigner la villa mérovingienne devenue le village de Rueil;
il a pour radical le mot celtique *rot*, signifiant gué, passage et route (1).

Dans un titre latin du IXe siècle que notre collègue, le
docteur Prunières, de Marvéjols (qui cultive la paléographie et la philologie avec non moins de bonheur, de péné-
tration et de savoir que l'anthropologie), a pu consulter,
cette ville porte le nom de *Marogol*. Nous pensons qu'ici
le *g* est employé comme équivalent de *j* en conséquence
de ce remarquable phénomène linguistique que dans toute
la partie nord de la Lozère le *g* latin *chuinte* en *j* dans
toute une catégorie de cas où chez les Rouergats cette
consonne conserve sa nature gutturale. Ajoutons aussi
que dans l'orthographe romane des provinces où la lettre
latine *g* reste gutturale devant *a*, c'est-à-dire où *gallus*
donne *gal* et non pas *jal*, le signe de cette lettre se trouve
néanmoins employé fréquemment avec le son et pour y
tenir lieu d'un *j* ou d'un *ch* étymologiques devant cette
voyelle et en finale. Ainsi les vieux auteurs provençaux,
ceux du Rouergue, notamment, écrivent *rog* (rouge) pour
roj, et, qui plus est, au féminin, *roga* pour *roja*, évidem-
ment en y attachant le même son.

Sans nous arrêter plus longtemps à cette argumenta-
tion linguistique, nous conclurons en disant que *Marogol*
est pour *Marojol*, qui lui-même est pour *Maroiolum*, ou,
comme écrit Grégoire de Tours, *Maroialum*, mot qui ne
veut dire autre chose que *petit marais*. Le vieux titre
mentionné tout à l'heure, et dont le docteur Prunières a
bien voulu me communiquer un extrait, parle longuement

---

(1) Depuis qu'a été écrit ce qui précède, j'ai trouvé dans l'*Histoire
des Francs* d'autres exemples à ajouter à *Rotoialensis villa*. Les voici :
Rigoialensis villa, et *Maroialensis ecclesia*, supposant, l'un, *Rigoialum* (Reuil), l'autre, *Maroialum* (Hareuil, homonyme français de Maru-
jols). On y rencontre encore *Siroialum*.

d'un *stanchum* qui avoisinait dans le temps Marvéjols, ainsi que d'un *vesalis* qui lui servait de déversoir (1).

Et maintenant, nous demanderons-nous, comment *djol* est-il devenu *uèjol?* — Par l'effet d'une loi de métaphonie qui veut que l'*o* tonique suivi d'une chuintante, telle que *j* et *ch*, se transforme en la diphtongue *ue*. Exemples : *Nox, ctis*=*noch*=*nuech*; *octo*=*och*=*uech*; *podium*=*podj* =*puedj*, *puech*; *modium*=*modj*=*muedj*, *muech*.

La plupart des radicaux auxquels le suffixe *uejols* se trouve associé sont celtiques ; cependant il en est aussi de latins. Parmi les premiers, nous citerons Bruéjouls et sa variante Brocuéjouls (2) (*Broiolum*, *Brocoiolum*), Bessué-jouls, Combuéjouls, La Nuéjouls, appellations dont le sens littéral, croyons-nous, est respectivement celui de petit bois, petit bouleau, petite prairie, petite combe. Pour ce qui est de la seconde catégorie, je ne connais que Caussenuéjouls, petit causse, un synonyme de Caussenel.

Le radical *càussen* est en effet la modification romane d'un adjectif de la basse latinité dérivé du latin *calx*, chaux, et qui devait s'écrire probablement *calcenus* pour *caleinus* (l'*i* s'est conservé dans *Caussignac*, nom de famille tiré d'un nom de lieu, et dans *Caussinhol, calciniolus*, qui veut dire habitant du Causse, en langue d'oc), et

(1) Pendant la correction des épreuves de ce travail, M. le bibliothécaire de la Société a eu la pensée gracieuse de mettre sous mes yeux un *Dictionnaire topographique du Gard* (par M. Germer-Durand), où j'ai eu le bonheur de rencontrer une confirmation concluante de mon hypothèse. On lit dans cet ouvrage au mot *Maruéjols*, 4e article : « Maruéjols-les-Gardon, commune de Lédignan. — ..... *R. de Marojolo*, 1160 (Mém. I, pr. p. 44, C. 2). — *Prioratus de Marojolis*, 1247 (chap. de Nîmes, archiv. départ.). — *Marojolæ*, 1384 (dén. de la jénéch.). — *Ecclesia de Marojolis*, 1386 (rép. du subs. de Charles VI). »

(2) Rapprocher le mot, pour ce qui est du radical *broc*, du nom de lieu *Brucaria*, qui se trouve dans Grégoire de Tours et qui est indubitablement le primitif celte-latin du provençal *Bruguieyra* et du français *Bruyère*; rapprocher aussi de notre rouergat *broca*, qui n'a pas de synonyme exact en français, mais s'applique à des rameaux de bois *coupés*, provenant soit d'un taillis, soit de l'émondage d'arbres. Citons encore *Broquiers*, nom d'un bourg de l'Aveyron.

servait à qualifier nos régions calcaires. Plus tard il fut pris substantivement, de même que le *secalaris pagus*, le pays au seigle, s'est changé en Ségala (= Segalar) (1) tout court. Ce thème *Causse*, disons-le en passant, est également témoin de l'époque gallo-romaine, et peut fournir le sujet d'une intéressante monographie.

Avant de clore l'article des *uéjouls*, constatons que cette forme désinentielle propre au Rouergue, au Gévaudan, et à la région limitrophe du nord et de l'est, a, dans la France du nord, son équivalent dans la désinence *euil* ou *eul* en tant que celle-ci correspond à la forme latine mérovingienne *oialum* (Grégoire de Tours) passant ensuite à la forme *ogelum* (Frédégaire) et *ogilum* ou *ogilus*; car il y a des *euil, eul* français, et c'est même le plus grand nombre, qui dérivent du suffixe latin par *olus*, sur le modèle de *filleul* (*filiolus*), de *chevreuil* (*capreolus*). Or les deux formes sœurs, la latine pure *olus*, et la latine barbare *òiolus*, *ògelus*, *ògilus*, se confondent, en français, dans une métaphonie commune, qui est *eul* ou *euil* pour l'une et pour l'autre; tandis que dans notre rouergat la distinction se conserve très nettement, aux deux *formes anciennes* correspondant respectivement les formes *ol, uel*, d'une part, et *uejol*, d'autre part. Ainsi, tandis que *Brochiolum* et *Brocoiolum* se confondent en français dans le type unique *Breuil*, le rouergat les traduit séparément par les deux types *Bruel* et *Bruejol* (2).

M. J. Quicherat, professeur à l'École des Chartes, s'exprime ainsi dans un ouvrage publié en 1867 : « Désinences *ogilus, ogilum, oialus, oialum, oilus, olius, olium*. — Radical celtique latinisé, où l'*o* initial n'est qu'une voyelle de soutien pour la formation latine. *Ogilus* est le thème primitif, *oialus, oilus* sont des produits de l'époque barbare; *olium* a prévalu depuis le xi° siècle, et n'est que

---

(1) Les documents du Moyen-Age donnent *Segalar*, par un *r*.

(2) Ce type n'est pas exclusivement particulier à des noms propres de lieu; nous le rencontrons encore dans un nom commun de notre dialecte rouergat, le mot *muejol*, qui signifie *mulet*, poisson de mer, en latin *mullus*, qui aurait donné comme diminutif celto-latin *mulloiolus*, *mullojolus*, devenu, par la chute de *ll*, *muojolus*.

l'image du français euil, eil, eul, uel, etc. » (*De la formation française des anciens noms de lieu.* — Paris, 1876, p. 51.)

M. Quicherat fonde sa thèse sur une assertion matériellement inexacte : il est constant, en effet, que Grégoire de Tours emploie exclusivement la forme *oialus* (*Maroialum, Rhotoialum, Rigoialum, Siroialum*) ; et que Frédégaire, venu cent ans plus tard, inaugure la forme *ogelus* (*Bonogelum, Spinogelum*), à côté de laquelle on trouve aussi *ogilus*, dans les documents de la même époque (*Nogiogilum*, dans une donation de l'an 616, citée dans la *Géographie du diocèse du Mans*, p. 439).

Le fait chronologique que nous venons de restituer est très important pour notre thèse ; il permet de l'établir sur un ensemble de présomptions devant lesquelles le doute ne peut plus guère subsister. Nous allons les exposer maintenant.

A l'époque de Grégoire de Tours, la lettre latine *g* suivie des voyelles *e* ou *i*, avait encore sa valeur de gutturale, comme le prouve l'usage qu'en fait cet écrivain dans le traitement des mots germaniques. Ainsi, quand il écrit *Sygibertus* il faut bien reconnaître que le *g*, dans ce cas, est guttural comme dans *go*, puisque au siècle d'après, le continuateur de l'Histoire des Francs écrit le même mot *Sigobertus*. Et maintenant pourquoi Frédégaire, dans la latinisation du mot barbare, a-t-il substitué l'*o* à l'*i* comme voyelle de liaison ? N'est-ce pas parce qu'autrement le *g* guttural qui termine le mot germanique *sig* (victoire), élément du mot composé *sig-berath*, eût disparu pour faire place à la chuintante douce que nous rendons aussi par *j* ? Cette conclusion semble confirmée par une autre rapprochement. Tandis que Grégoire de Tours écrit par un simple *g* l'élément germanique *gisil* dans tous les noms composés où il entre, comme *Arvegisilus, Austregisilus, Gundegisilus, Rodegisilus, Leudegisilus*, Frédégaire juge nécessaire d'y introduire un *h* à la suite : *Ghislomarus*. Il écrit aussi *Ghyso*. Pourquoi l'adjonction de cet *h*, si ce n'est pour refaire une gutturale du *g* suivi de *i* ?

Nous trouvons encore dans ce dernier auteur un détail orthographique qui n'est peut-être pas sans intérêt pour cette discussion. Un personnage y porte le nom de *Pompegius* (envoyé d'Agor, roi des Lombards), nom dans lequel on ne peut pas ne pas· reconnaître celui de *Pompeius*. Cette altération de l'orthographe latine répond sans doute à une altération barbare de la prononciation classique. Quelle pouvait être cette dernière altération? Ne peut-on pas supposer que c'était déjà une de celles qui caractérisent l'italien, le provençal et le français, et qui consiste dans la transformation en une consonne chuintante, douce ou forte, de l'*i* suivi d'une voyelle et précédé, soit d'une autre voyelle, soit d'une labiale ou d'une dentale? Exemples : cage, de *cavia*, pour *cavea;* déluge, de *diluvium*; ache, d'*apium;* poggio et puech, de *podium;* moggio et muech, de *modium;* mage, majenc, major, maggiore, de *maior*, etc.?

On peut très plausiblement induire des considérations ci-dessus que le *ge* et le *gi* de l'époque de Frédégaire avaient la valeur phonique qu'ils ont aujourd'hui dans le français, la valeur de *je* et de *ji*. Dès lors le suffixe *ogelus, ogilus* aurait été une orthohraphe équivalente de *oiolus, oialus, oielus, oiilus*, devenus, en vertu de la loi de métaphonie précédemment signalée, *ojolus, ojalus, ojelus, ojilus* par la consonnisation de l'*i*.

Un autre philologue, M. Houzé (*Lettres sur les noms de lieux en France*, Paris, 1864), a deviné que la désinence en question n'est qu'un diminutif, mais au lieu d'y voir une corruption d'un diminutif latin, il suppose un diminutif celtique de pure imagination.

La corruption gallo-romaine de *olus* en *oiolus* peut s'expliquer d'autant mieux que les noms de lieu où elle s'observe s'appliquent à des localités rurales de peu d'importance qui ont dû recevoir leur dénomination des paysans gaulois, dans la bouche desquels le langage de Cicéron devait souffrir mainte offense.

Ne terminons pas cet article sans signaler dans notre désinence *uejols* une particularité dont je n'ai pu découvrir encore l'explication : pourquoi cet *s* terminal qui se retrouve invariablement dans tous nos noms de lieu de même type? Quelle en est la valeur étymologique? Cet *s* est-il la vieille désinence casuelle nominative, que l'on retrouve également faisant corps avec quelques-uns de nos noms de famille modernes? Je l'ignore.

Parmi nos dénominations de lieux habités d'origine germanique, il en est deux de particulièrement intéressantes; c'est *Borie* (*bória*), qui subsiste encore dans la langue locale, comme appellatif commun, avec le sens de métairie, d'exploitation rurale. C'est ensuite *Salle*, ou *Sale* (*sala*) et ses dérivés, qui depuis longtemps a disparu du langage comme terme générique. Un vieux glossaire du XIIIᵉ siècle, le *Donatus provincialis* du troubadour Hugues Faydit, traduit le provençal *sala* par le latin *aula*, lequel répond au *curtis* de la basse latinité mérovingienne si fréquemment employé dans le nord pour désigner les habitations rurales des Barbares. *Palatz et sala*, palais et salle, était une expression qui se rencontre souvent dans les vieux monuments de la langue d'oc. Dans un titre du XIVᵉ siècle cité par Ducange, le mot *salle* est employé pour désigner des maisons ou pavillons compris dans l'enceinte d'une certaine abbaye, qui furent fortifiés par les moines pour leur défense.

Diez (*Etymologisches woerterbuch der romanischen sprachen*) fait venir le mot *salle* de l'ancien haut allemand *sal* qui, dit cet auteur, voulait dire maison, demeure. Nulle autorité ne l'emporte sur celle de ce savant pour ce qui regarde les étymologies des idiomes issus du latin; et d'ailleurs sur le point en question l'accord des hommes compétents semble être complet (1).

Dès lors tout semble indiquer que *salle*, *sala*, servit primitivement à désigner les habitations des Barbares établis

_____

(1) Le Breton a aussi le mot *sal*, également avec la signification de maison (voir Legonidec, dictionnaire Breton-Français); l'a-t-il emprunté au germanique, ou le tient-il du vieux celtique? Ce mot pouvait être commun aux deux langues, ainsi que beaucoup d'autres. Cependant diverses circonstances semblent attester que c'est par le vieil allemand des Barbares qu'il s'est introduit dans les langues romanes.

sur notre territoire, soit à titre de colons, soit à titre de simples propriétaires, soit à titre de représentants du pouvoir franc ou wisigoth. Ces étrangers appelant leurs maisons *sal*, les indigènes devaient à toute heure les entendre dire : « Je me rends à la *sal*; je viens de la *sal*; là est ma *sal*; passez à la *sal*. » Ce mot tudesque *sal*, romanisé en *sala*, devint ainsi chez nos ancêtres, cela me semble du moins très présumable, l'appellation commune des habitations barbares.

Il est à remarquer que, dans l'Aveyron du moins, le mot dont nous parlons est presque toujours, en tant que nom propre topographique, employé dans la forme plurielle. On rencontre bien chez nous quelque *Salle*, mais *Salles*, *Les Salles* sont en bien plus grand nombre. Or cette particularité concorde avec l'opinion que nous venons d'émettre de l'application primitive du mot aux demeures de nos hôtes germains : ces demeures se groupaient sans doute en villages ou hameaux, et chacune de ces agglomérations de *salles* devenait naturellement *Les Salles*.

Notre mot *bôria* paraît être entièrement étranger à tous les vocabulaires celtiques; mais il est impossible au contraire de méconnaître ses rapports étroits avec les langues germaniques : *boer*, en danois; *boor*, en anglais, et *bauer*, en allemand moderne, veulent dire fermier, paysan, cultivateur.

Borie, décomposé d'après une loi bien connue, devient le lieu, l'habitation, l'établissement du *bor*, tout comme *métairie* est l'établissement du métayer. De plus, la lexiologie critique de ce vocable semble nous révéler que son introduction dans notre pays date d'avant la chute de l'empire romain, ce qui témoignerait de la grande extension des importations de colons germains qui eurent lieu chez nous sans doute aux IIIe, IVe et Ve siècle comme dans le reste des Gaules (1). Ces laboureurs étrangers établis

---

(1) Trebellius Pollion, *Claude*, 8 : *Impletae barbaris servis romanæ provinciæ; factus colonus ex Gotho, nec ulla fuit regio quæ Gothum servum non haberet.*

Vopiscus, *Probus*, 15 : *Barbari vobis arant, vobis serunt.*

sur notre territoire durent être désignés, parmi les populations indigènes, par le nom qu'ils se donnaient eux-
mêmes dans leur langue; nos ancêtres gallo-romains durent les appeler d'après eux-mêmes des *bor*, et les fermes
où ils furent établis durent être nommées des *borium*,
comme de *emporus*, marchand, a été fait *emporium*, mar-
ché, et de *presbyter*, *presbyterium*. Et du pluriel de ce
neutre, *borium*, se sera formé un singulier féminin *boria*,
tout comme le pluriel latin *prata*, les prés, est devenu
notre nom féminin singulier *prada*, prairie, et encore à
l'instar de tant d'autres exemples que nous avons eu
occasion de mentionner plus haut.

Je dis que ce *boria* dût naître avant les temps mérovingiens ou à leur début, au plus tard. Cette opinion repose
sur certaines considérations philologiques qui vont être
exposées.

Dans les mots latins en *ium*, *ia*, de la bonne latinité,
l'accent tonique est toujours sur la syllabe qui précède
immédiatement cette terminaison. Ce n'est qu'après le
passage de la latinité pure à la basse latinité, le rudiment
des langues romanes, que cette désinence possessive
devient tonique dans toutes ses formations nouvelles. C'est
ainsi que le mot *Francia*, formé au IIᵉ siècle, c'est-à-dire
avant que le latin des Gaules fut barbarisé, porte l'accent
sur le radical, et donne, en français, *France*, et non pas
Francie; tandis que le mot *Normandie*, formé plus tard,
est comme l'homonyme française d'un latin *Normandia*
(avec l'accent sur l'*i*).

Nous avons fait en outre la remarque que, contrairement à ce qui existe dans la France du nord, bien que
toutefois à l'état d'exception, on ne rencontre pas chez
nous des noms en *ac* à radical tudesque, et que les dénominations de lieu formées d'un nom barbare et du mot
curtis ou *villa*, qui se rencontrent à chaque pas dans la
première région, manquent totalement dans notre province, et je crois aussi dans tout le Centre et le Midi.
Cela seul indiquerait assez que l'occupation du pays par
les Germains à titre de dominateurs, de propriétaires, fut
plus tardive chez nous que dans le nord de la France;

qu'ici, elle commença sous l'Empire, et là, après. Cependant les Barbares eurent des domaines ruraux chez nous comme ailleurs, et ils y attachèrent aussi volontiers le nom du propriétaire, mais en faisant suivre ce nom d'un autre genre de finale : cette finale, ce fut le suffixe possif latin *ius, ia, ium*, qui fut employé au féminin, *ia*, mais avec cette altération grave de la prosodie latine, précédemment signalée, qui consiste à transporter l'accent tonique, de la dernière syllabe du radical, sur l'*i* de la finale en question.

Cette formation est une contrefaçon barbare d'un type de dénomination appliqué par les Gallo-Romains à leurs domaines ruraux concurremment à cet autre, dont il s'est agi plus haut, qui est caractérisé par la terminaison *acus*, ou *acum*. Ce deuxième type consiste dans le suffixe *ium* ajouté au radical du nom du possesseur dudit lieu. La géographie, la géographie moderne surtout (1), en fournit d'innombrables exemples, et l'on rencontre parfois le même radical patronymique associé concurremment aux deux désinences toponymiques. Ainsi, l'histoire nous apprend qu'il a existé à la fois un *Juliacum*, aujourd'hui Juliers, et un *Julium*, dans la Carnie. Ce genre de synonymie abonde en Rouergue ; on en trouvera une liste d'exemples à la fin de cet écrit. Contentons-nous de citer ici un petit nombre de ces doublets : *Albinus* a servi a faire, avec *ac*, *Albiniacum*, Aubignac ; et avec *ium*, *Albinium*, Aubin. *Campanus, Flavinus* et *Sabinus*, ont produit respectivement *Campaniacum*, Campagnac, et *Campanium*, Campan ; *Flaviniacum*, Flagnac, et *Flavinium*, Flavin ; *Sabiniacum*, Savignac, et *Sabinium*, Sabin (2).

Posons donc en fait que nos Gallo-Romains étaient dans l'usage d'employer la désinence *ium* jointe à des

_____

(1) La géographie ancienne ne nous transmettant guère que le souvenir des villes, et se taisant en général sur les lieux habités de moindre importance, il est naturel qu'elle mentionne peu de noms en *ac*.

(2) Ces noms rouergats terminés en *in* ou *an* et dérivant d'une ferme latine *inium* ou *anium*, prennent un *h* à la fin, dans l'orthographe classique de la langue d'oc. Ainsi Flavin s'y écrit *Flavinh* et Campan s'y écrit *Campanh*.

noms propres d'homme pour en former des noms de lieux. Et cela posé, nous ajouterons que les Barbares, obéissant à une confusion grammaticale que nous avons signalée plus haut, auraient fait une fausse imitation de ces noms neutres en substituant à *ium* son pluriel *ia* pris pour un féminin. Ce qui est certain, c'est que leur coutume fut de nommer leurs possessions rurales en faisant suivre le nom du maître de cette terminaison *ia*. A la vérité, il se pourrait encore que cette forme eût été empruntée par eux à celle des noms de pays, consistant dans cette même finale *ia* précédée du nom du peuple qui l'habite, comme *Italia, Hispania, Gothia, Francia*, faits d'*Italus, Hispanus, Gothus, Francus*.

Il reste maintenant à faire remarquer que, de même que les Romains, conquérants des Gaules, avaient vu dans le *ac* gaulois, moins un simple suffixe adjectif qu'un substantif traduisant leur mot *villa*, pareillement les Germains durent donner au suffixe *ia* une valeur quasi-substantive et une existence en quelque sorte séparée de celle de son radical; et alors cette diphthongue, qui était atone, qui ne pouvait s'émettre qu'en prenant appui sur la syllabe qui la précède, reçut un accent tonique propre, lequel fut placé sur sa première voyelle; et cette désinence, ainsi altérée, servit à former une multitude de noms de lieu à radical tudesque qui se rencontrent dans notre province. En voici quelques spécimens que nous donnons avec leur orthographe indigène, c'est-à-dire celle de la langue d'oc, et en faisant remarquer que l'accent tonique y est placé invariablement sur l'*i* de la terminaison :

Beraldia, Bernadia, Bertaria, Bertrandia, Bonaudia (pour Bonaldia), Berengayria, Buffardia, Faraldia, Farrandia, Gaffardia, Guilhardia, Galaubia, Galtayria, Gautardia, Garaldia, Garinia, Gascaria, Gaubertia, Godonia, Grimaldia, Guisbertia, Guiraldia, Guitardia, Guizardia, etc., etc.

Pour avoir été, du moins suivant toutes les probabilités, les introducteurs de cette nouvelle façon de tirer le nom du domaine de celui du possesseur, nos Germains ne furent pas les seuls à en faire usage ; nos « Romains » barbarisèrent à leur tour à l'exemple de leurs domina- teurs, à cet égard-ci *comme* à tant d'autres ; c'est ainsi qu'à l'imitation de *Robertia* , *Sicardia* , *Ricardia* (domaines de Robert, de Sicard, de Ricard), et de tous les noms tudesques énumérés ci-dessus, les Petrinus, les Petronus, les Laurentius, les Martinus, les Montanus baptisèrent leurs villas respectives des noms de *Petrinia* , *Petronia* , *Laurentia* , *Martinia* , *Montania* , que nous retrouvons au- jourd'hui dans La Peyrinie (commune de Rodez), La Peyronie et Les Peyronies (communes de Prades et de Naucelle), La Laurentie (communes de Grandvabre et de Pruines), La Martinie (communes d'Aubin, Broquiès, etc.), La Montanie (commune de Vaureilles), au lieu de s'en tenir aux formes correctes de *Petrinium* , *Petronium* , *Lau- rentium* , *Martinium* , *Mantanium* , de l'époque impériale.

Nous rencontrons encore trois autres manières de faire servir les noms patronymiques à la désignation des lieux habités, qui nous paraissent également d'origine germa- nique. L'une consiste à employer purement et simplement le nom de l'habitant pour désigner l'habitation ; faire suivre le nom d'homme d'un suffixe adjectif tudesque, qui est tantôt *esc* et tantôt *enc*, constitue les deux autres. En outre, les terminaisons préditives provençales *aria* ou *ieira*, lat. *aria* et *aris*, et *es*, lat. *ensis*, se rencontrent en- core très fréquemment avec le même emploi, qui date aussi pour elles, suivant toute probabilité, de l'invasion des Barbares. Voici quelques exemples de ces divers mo- des onomastiques ; ce sont des noms de villages ou ha- meaux aveyronnais, pour la vérification desquels nous renvoyons au catalogue de M. Dardé :

Arnal, Arnals (les), Arnaldès, Arnaldesc ;
Ayrals (les) ;
Berals, Beraldès, Beraldie ;
Bernat (le), Bernadie, Bernaderie, Bernadès ;
Bertrand, Bertrands (les), Bertrandie (la), Bertrandès ;
Bonals (les), Bonaudie (la) ;
Baldon, Baldonie, Baldonesc ;
Faral, Faraldie, Féraldie, Feraldesc ;
Ferran, Ferrandie, Ferrandès ;

Galtier, Galtiers, Galtayrie, Galtière (la);
Gibaldenq (le);
Gozon ou Gouzon, Gouzonnie, Gouzonnenq ;
Guiraldie, Guiraldès, Guiraldenque ;
Rigal, Rigaud, Rigals, Rigaldie, Rigaudès ;
Etc.

Les noms ainsi formés sont tous, pour ainsi dire, à radical tudesque, et ce n'est que par exception très rare qu'un nom d'origine latine se rencontre dans cette catégorie. Nous avons vu plus haut qu'un Petronus avait nommé sa maison des champs *Petronia* (la Peyronie) pour se conformer à la mode barbare ; un autre «Romain» du même nom, et le même personnage peut-être, ne recule pas devant un autre barbarisme pour imiter les nouveaux seigneurs du pays : *Petronincum*, tel est le nom qu'il donne à sa terre, nom transformé aujourd'hui en Peyronenq.

En signalant cette importante catégorie de noms de hameaux joignant à une forme spéciale cette autre particularité de renfermer des noms personnels qui presque tous sont germaniques, nous n'entendons pas insinuer que chacune de ces appellations d'emprunt ait été empruntée à un Germain. Nous prétendons seulement que ce genre de dénomination a pris naissance et a été principalement en usage chez nous sous les Mérovingiens et plus encore, croyons-nous, sous les Carolingiens, époques où, comme nous l'avons noté plus haut, les noms de personne importés d'au-delà du Rhin par les dominateurs du pays furent en grande faveur chez les indigènes.

La distinction chronologique des deux modes d'accentuation du suffixe latin *aria*, lequel donne en roman *ieira*, *ière*, pour *aria*, et *aria*, *arie*, *erie*, pour *aria*, nous permet d'assigner à la période gallo-romaine une catégorie d'appellations de lieu ayant pour radical des noms d'animaux domestiques ou sauvages, appellations qui n'ont que de rares analogues dans l'onomastique des autres époques. Entre autres exemples de cette sorte, nous avons rencontré les suivants dans les catalogues de M. Dardé :

1° Inières et Zénières, deux variantes fautives d'*Asi-*

nières, mot qui est employé encore tel quel (Asinieiras) dans le patois pour désigner ces deux localités, mais dans lequel on a cru à tort voir la préposition *as* (devant une voyelle) ou *a* (devant une consonne), qui d'1 reste fait quelquefois corps, dans notre idiome indigèn, avec les noms de lieu, auxquels il est de sa nature d'être si fréquemment associée. Inières (commune de Sainte-Radegonde) et Zénières (communes de Montrozier et de Saint-Symphorien) sont donc pour *Asinières*, et répondent à *Anières*, village des environs de Paris, et font en latin *Asinaria*.

2° Bouvières, en langue d'oc *Bovieiras*, en latin, *Bovaria*, (Nom d'une localité située dans la commune de Viala-du-Tarn.)

3° Cabrières, en langue d'oc *Cabrieiras*, en latin, *Capraria*. (Nom de plusieurs localités dans l'Aveyron.)

4° Corbières, en langne d'oc, *Corbieiras*, en latin, *corvaria*, de *corvus*. (Communes d'Aurelle et de Mélagues.)

5° Galinières, en langue d'oc, *Galinieiras*, en latin, *gallinaria*, de *gallina* (communes de Camarès, Loupiac et Pierrefiche).

6° La Loubière, ou La Louvière, en langue d'oc *Lobieira*, en latin *luparia*. (Nombre de localités.)

7° La Lobatière, en langue d'oc *Lobatieira*, en latin *Lupataria*. Cette forme dérivée dans laquelle le radical primitif s'allonge en *at* est très fréquente, et nous la rencontrerons encore ci-après dans d'autres noms. (Commune de Mouret.)

8° Ouillière (Lacalm), peut-être de *ovicula* (pour *ovis*), qui donne en langue d'oc *olha*, brebis.

9° Oursières, en langue d'oc *Orsieira*, en latin *Ursaria*. Nom de deux localités particulièrement sauvages (Espeyrac et Rodelle).

10° Servières pour Cervières, en langue d'oc, *Cervieiras*, en latin, *Cervaria*, de *cervus*. (Saint-Chély et Taussac.)

11° Verrière, Verrières, en langue d'oc, *Verrieira*, en latin, *Verraria*, de *verres*, verrat. (Nombreuses localités.)

12° Volpatière, en langue d'oc *Volpatieira*, en latin *Vul-*

pataria, de *vulpes*, comme *Luputaria*, de *lupus* (Coubisou).

La finale *ière* (langue d'oc *ieira*, lat. *aria*) signale encore certaines localités comme ayant été le siége d'industries spéciales durant la période gallo-romaine ; par exemple : Calquière, Oulières (Las), Loulière et Sauclière, en latin *Calcaria*, four à chaux, *Ollaria*, poterie, et *Circularia*, en langue d'oc *Ceucheira* et *Celcheira*, du latin *circulus*, en langue d'oc, *celcle*, *ceucle*, cercle. Les villages portant ce nom de Sauclières étaient probablement des lieux de fabrication pour les cercles à tonneau.

—

TABLEAU I.

Noms de lieu aveyronnais ayant pour radical un nom latin d'homme.

Noms d'homme.	Noms de lieu.	
1 ALBANUS	Albagnac	(*Albaniacum*).
2 ALBINUS	Aubin	(*Albinium*).
	Aubignac	(*Albiniacum*).
3 ALPINUS	Aupinhac	(*Alpiniacum*).
4 CALVUS	Calvy	(*Calvium*).
	Calviac	(*Calviacum*).
5 CALVINUS	Calvin	(*Calvinium*).
	Calvignac	(*Calviniacum*).
6 CAMPANUS	Campan	(*Campanium*).
	Campagnac	(*Campaniacum*).
7 CASSIUS	Cayssac	(*Cassiacum*).
8 CLEMENS ou CLEMENTIUS	Clemens	(*Clementium*).
	Clemensac	(*Clementiacum*).
9 CRASSUS	Crais	(*Crassium*).
	Craissac	(*Crassiacum*).
10 CRISPUS	Crespiac	(*Crispiacum*).
11 CRISPINUS	Crespin	(*Crispinium*).

12	CURTIUS	Cours (1)........	*(Curtium)*.
		Coursac.........	*(Curtiacum)*.
13	FIRMINIUS	....	
		Firmignac........	*(Firminiacum)*.
14	FLAVIUS	....	
		Flaujac	*(Flaviacum)*.
15	FLAVINUS	Flavin...........	*(Flavinium)*.
		Flagnac..........	*(Flaviniacum)*.
16	FLORENTINUS	Florentin	*(Florentinium)*.
		....	
17	FLORENTIUS	....	
		Florensac.......	*(Florentiacum)*.
18	FLAMINIUS	....	
		Flagnac..........	*(Flaminiacum)*.
19	FLORUS	....	
		Floyrac..........	*(Floriacum)*.
20	GALLUS	....	
		Gaillac	*(Galliacum)*.
21	GENIUS	....	
		Gignac...........	*(Geniacum)*.
22	HISPANUS	....	
		Espagnac	*(Hispaniacum)*.
23	HONORATUS	....	
		Onrazac.........	*(Honoratiacum)*.
24	JOVINUS ?	....	
		Jaunac.........	*(Joviniacum ?)*.
25	JULIUS	Julhe...........	*(Julia)*.
		Julhac..........	*(Juliacum)*.
26	LATINUS	....	
		Ladignac........	*(Latiniacum)*.
27	LAURENTIUS	Laurens.........	*(Laurentium)*.
		....	
28	LAVINIUS	....	
		Livignac........	*(Laviniacum)*.
29	LENTINUS	Lentin..........	*(Lentinium)*.
		....	
30	LONGANUS (2)	Longagne.......	*(Longania)*.
		Longagnac......	*(Longaniacum)*.

(1) Nous avons plusieurs localités du nom de *Cours*; il est probable que chez la plupart, sinon chez toutes, ce nom est le pluriel de *court (cort)*, du bas latin *curtis*.

(2) *Longanus* dérive de *longus*, comme *albanus* de *albus*, et fait pendant à *Longinus*, de même que *Albanus* fait pendant à *Albinus*.

4

31 Lucanus	Lugan	(*Lucanium*).
32 Lupus	Loupiac	(*Lupiacum*).
33 Macrinus	Magrin	(*Macrinium*).
34 Magnus	Magnac	(*Magniacum*).
35 Marinus	Marnhac	(*Mariniacum*).
36 Matrinus	Martrin	(*Matrinium?*).
	Mayrignac	(*Matriniacum*).
37 Maurus	Mauriac	(*Mauriacum*).
38 Maximus	Maymac	(*Maximiacum*).
39 Metranus	Meyran	(*Metranium*).
40 Montanus	Montagnac	(*Montaniacum*).
41 Niger	Neyrac	(*Nigriacum*).
42 Paulus	Paulhe	(*Paulium*).
	Paulhac	(*Pauliacum*).
43 Posthumius	Poustomy	(*Posthumium*).
44 Quintus	Quins	(*Quintium*).
	* Quinsac	(*Quintiacum*).
45 Ravus	Raviac	(*Raviacum*).
46 Romanus	Romagnac	(*Romaniacum*).
47 Rufus	Roufiac	(*Rufiacum*).
48 Sabinus	Sabin	(*Sabinum*).
	Savignac	(*Sabiniacum*).
49 Salvus ou Salvius	Saujac	(*Salviacum*).
50 Sanctus ou Sanctius	Sansac	(*Sanctiacum*).
51 Sebazius	Sebazac	(*Sebaziacum*).

52 SECONDUS ou SEGONTIUS...	Segonds	(Segontium).
	Segonzac........	(Secondiacum ou Segontiacum).
53 SERENUS ou SERENIUS....	Serin..........	(Serenium).
	Serignac........	(Sereniacum).
54 SEVERUS......	Sever..........	(Severium).
	Seveyrac........	(Severiacum).
55 SOLINUS......	....	
	Solignac	(Soliniacum).
56 SULPICIUS.....	....	
	Solsac	(Sulpiciacum).
57 TAURUS	....	
	Tauriac.........	(Tauriacum).
58 TURNUS......	....	
	Tournhac........	(Turniacum).
59 VERUS........	....	
	Veyrac	(Veriacum).
60 VICINUS	Vezins..........	(Vicinium).
	....	

—

II⁰ TABLEAU.

Noms de famille germaniques relevés dans l'Aveyron, et présentés avec leurs homonymies française et de la basse latinité. — NOTA. Les mots entre ( ) sont la restitution de l'orthographe provençale. Un point d'interrogation est placé à la suite des noms d'origine ou d'homnymie douteuse; une * précède les noms latins qui n'ont pas été rencontrés dans les documents très anciens, mais qui sont probables.

1 Abbal........ ....baldus.
2 Acquier, et
3 Agar (?)...... .... Acharius.
4 Aladier...... .... * Adalhdrius (1).
5 Affre ....fredus (2).

(1) Conf. *Alazard* et *Adalardus*.

(2) Nos noms rouergats en *fre* représentent des noms germano-latins en *fredus*. Aussi les prononçait-on autrefois avec l'accent tonique sur la dernière syllabe, tandis que, aujourd'hui, par une assimilation erronée, la finale est devenue atône.

6 Ainard....... Aynard......... *Aginardus , Egi-*
nardus.

7 Alazard (Aladart). Allard .... *Adalardus.*

8 Albert....... Aubert......... *Albertus.*

9 Alquier (?).

10 Albouy (Alboï) Auboin .... *Alboinus.*

11 Alcoffe (?).

12 Aldebert..... Audebert........ *Aldebertus.*

13 Alfaric....... Aubry (?)........ * *Alfaricus.*

14 Alibert (Aribert). Aubert....... *Haribertus.*

15 Allier .... *Allharus* (1).

16 Alric .... Aury, Ory....... *Alaricus* ou *Alde-*
ricus.

17 Amalric...... Amaury......... *Amalaricus.*

18 Andral...... Andraud .... *Andraldus* (2).

19 Anjalbert .... *Engelbertus.*

20 Apcher .... *Aptacharius.*

21 Aribal....... Aribaud........ *Haribaldus.*

22 Arnal........ Arnaud. .... * *Arnovaldus* (3).

23 Arsal (?).... .... *Ansovaldus* (?).

24 Aubert....... Aubert......... *Autbertus* et *Aus-*
bertus.

25 Audemar .... Omer.......... *Audomarus.*

26 Audouard (Audoart) .... *Audoardus.*

27 Auzouy (Ausoï) Audoin .... *Audoinus.*

28 Ayffre........ .... * *Acfredus , Hac-*
fredus (4).

29 Aymar.......: Aymar.......... *Acmarus.*

29 *bis* Aymeric ... Hémery........ *Haiméricus.*

30 Ayral........ .... * *Hariovaldus* (?).

31 Azemar...... Aymar......... *Hadumarus , Ade-*
marus.

32 Baldet et

33 Baldou (Baldò), diminutif de *bald*,
mot germanique voulant dire
joyeux, qui est passé dans le
vocabulaire provençal.

(1) Conf. *Allhardus.*
(2) Conf. *Andramnus* , dans Frédéguire.
(3) Conf. *Arnebertus* et *Arnulfus, ibid.*
(4) L'abbé de Vabres porte le nom de *Aigfred* en 936.

34 Barnier (Varnier) Garnier...... *Warnharius.*

35 Beral......... Eéraud .... * *Berovaldus.*

36 Bernat....... Bernard .... *Rernhardus* pour
Berinhardus.

37 Bornier...... Brenier......... *Berinharius.*

38 Berthier..... Berthier........ *Bertharius.*

39 Bertrand..... Bertrand........ *Berthramnus.*

40 Bonal .... Bonaud......... * *Bonovaldus.*

41 Boubal (Botbal?) Bouhault ...... * *Bodobaldus* (1).

42 Boubert...... .... * *Bodobertus* (1).

43 Brenguier.... Berenger........ *Beringharius.*

44 Boudet (Bodet)
45 Boudes (Bòdas) } .... *Bodo* (1).
46 Boudou (Bodò)

47 Briguiboul (Berguivol?) (2)...... * *Berguiulfus* (?)

48 Bugard (?).

49 Carles....... Charles......... *Carolus.*

50 Chabbert (Chatbert). .... *Chatbertus.*

51 Chauchard (3).

52 Deberthier (= de Berthier).

53 Enjalbert .... Englebert....... *Engelbertus* et *In-
golbertus.*

54 Enjalrand (4). Enguerrand ..... * *Engelramnus.*

55 Estrabal (?).

---

(1) Conf. *dux Bodo , Ratbodus , Sisibudus*, dans Frédégaire ;
Bodoinus et *Bodegisilus*, dans Grégoire de Tours. *Bod* appartient
aussi au celtique, et se rencontre notamment dans un grand nombre de
noms propres gaulois, tels que Boduognatus, Ateboduas, Bodiontici, Bo-
gudiocasses, Boudicea, reine fameuse des anciens Bretons, etc. (Voir Belloguet, *Glossaire Gaulois*, 2e éd., p. 353.)

(2) L'étymologie de ce nom est douteuse, de même que celle de *Rotaboul;* cependant il est présumable que leur désinence , *boul* , est la forme
rouergate du germanique *vulf* qui entre dans la composition d'un grand
nombre de noms tudesques de la langue d'Oïl, finissant en *oul*, tels que
Raoul (Radulfus), Arnoul (Arnulfus), etc. Quant au radical de Briguiboul ,
on peut le trouver dans le mot *berg* de *heriberga*, campement militaire
(*heri*, armée, *berg*, logement).

(3) Conf. allemand moderne *Schuchardt.*

(4) On trouve *Ingelrant* dans un acte du xe siècle (voir Loiugnou,
Etude sur les comtes de Limoges).

56 Faral........ Feraut.......... *Farovaldus* (1).
57 Farrand ..... Ferrand .... *Farramnus* (1).
58 Flotard...... Flotard......... *Frodoardus , Frotardus.*

59 Flottes (Flòtas) (2).............
60 Foulquier(Folquier). Foucher .. *Folcharius.*
61 Gaffard (?).
62 Gaffier (Gaffuer). Gouffier (?).... *Vulfharius* (?).
63 Galabert..... Jaubert......... *Walabertus.*
64 Galdemar.... .... *Waldamarus.*
65 Galibert..... .... *Garibertus.*
66 Galtier...... Gautier......... *Waltharius.*
67 Galy (Gari)... Guerin.......... *Warinus.*
68 Gantou (?) (Gantò|?) Gandouffe... *Gandulfus.*
69 Gaval (?)..... .... *Garovaldus.*
70 Gardemard (?).
71 Garibal...... Gerbaut (?)...... *Garibaldus.*
72 Gaubert (Gausbert). Jaubert...... *Gautbertus , Gausbertus.*

73 Gauffre (Gausfrè). Jauffroy...... *Gausfredus.*
74 Gausseran.... .... *Gausramnus.*
75 Gautard...... Gaudard .... *Gautardus.*
76 Gayrard..... .... *Gariardus* (3).
77 Gazard (?).
78 Gibal........ .... *Witbaldus* (4).
79 Gibertier.... .... *Witbertharius.*
80 Gimbert..... .... *Wintbertus.*
81 Gintrand.... .... *Wintramnus.*
82 Girard....... Gérard .... *Gerardus.*
83 Girbal....... Gerbaut......... *Gerbaldus.*
84 Girbelle (Girbela)?
85 Giscard...... .... *Wiscardus.*
86 Gombal...... Gonbaud........ *Gundobaldus.*
87 Gombert (Gontbert). Jombert... *Gundibertus , Gundobertus.*

(1) Conf. *Faraulfus* dans Grégoire de Tours, et *Faramondus.*
(2) Radical de *Flotard ?*
(3) Conf. *Garibaldus.*
(4) *Gyvaldus,* Grégoire de Tours, III, 24, est peut-être préférable.

88 Goudou (Godò) .... *Gotho.*

89 Gouzy (Gosì).. Godin, Gouin.... *Godinus.*

90 Gozon .... *Goto, Goso.*

91 Goudal (Godal). Jouhault....... * *Godovaldus.*

92 Goutal (Gotal) .... * *Gotovaldus.*

93 Graud (?).

94 Grimal ...... Grimaud........ *Grimovaldus, Gri-moaldus.*

95 Guibal....... Gibaud........ *Witbaldus, Wisbaldus.*

96 Guibert (Guisbert). Gibert....... *Witbertus, Wisbertus.*

97 Guillabert.... Guillebert....... * *Wiliabertus* (1).

98 Guismar .... *Wismarus.*

99 Guimbal ..... Guimbaud....... *Wimbaldus.*

100 Guiral....... Géraud .... *Gerovaldus, Geroaldus.*

101 Guirard...... Gérard......... *Gerardus.*

102 Guirbal...... Gerbaud .... *Gerbaldus.*

103 Guitard...... Guyard......... *Witardus.*

104 Guizard...... Guyard........ *Wisardus.*

105 Guizou (Guisò) Guyon.......... *Wito, Wiso.*

106 Guizot....... Guyot (dimin. de Guy).

107 Guy......... Guy........... *Witus.*

108 Heral....... Héraud .... *Herivaldus.*

109 Herand (?).

110 Hezard (?).

111 Higonet (pour Hugonet, dimin. de Huc).

112 Hubal....... .... * *Hugobaldus.*

113 Huc......... Hugues........ *Hugo.*

114 Hugou (Hugò) Hugon.......... *Hugo.*

115 Hunal....... .... *Hunovaldus, Hunaldus.*

116 Imbert....... Imbert......... *Imbertus.*

117 Ingard....... Ingard......... *Ingardus.*

118 Inglevert (Inglebert):.......... *Ingelbertus.*

119 Intrand (?).

120 Joffre (Joffrè). Joffroy......... *Godfredus.*

(1) Conf. **Wiliacharus** et **Wiliulfus**, dans Frédégaire.

121 Josserand.... .... * *Godramnus.*

122 Landier...... .... * *Landharius, Lantarius* (1).

123 Lautier...... Lautier......... *Leutharius.*

124 Lautard et Lieutard............. *Leutardus.*

125 Libaud....... .... * *Leudobaldus* (?).

126 Maffre (Matfrè) .... * *Matfredus* (2).

127 Magneric.... .... *Magnericus.*

128 Marican (?).

129 Maymar .... * *Magamarus* (3).

130 Mazerand (?).

131 Malbert...... Maubert........ * *Malbertus* (4).

132 Medal .... * *Medovaldus* (5).

133 Meric .... Merry.......... *Medericus.*

134 Nauzerand (?).

135 Rabaud...... .... *Rutbaldus.*

136 Ramon ...... Raymond .... *Ragumundus, Ragimundus.*

137 Rabaud...... .... *Ratbaldus.*

138 Ratier....... Rathier......... *Ratharius.*

139 Razimbal (pour Ragimbal?) Raimbaud. *Ragimbaldus.*

140 Raynal...... Renaud, Raynaud *Ragnovaldvs* (6).

141 Rebal (?)..... Ribaud .... *Ricobaldus.*

142 Rebard (?).

143 Regambal.... Raimbaud....... *Ragimbaldus.*

144 Renier (?).

145 Renjard (?).

146 Ribal........ Ribaud .... *Ricobaldus.*

147 Ricard....... Richard........ *Richardus.*

148 Rigal .... Rigaud .... *Ricovaldus.*

149 Roal, Roaldes (?)............. *Rodovaldus, Rodoaldus.*

(1) Un comte *Lantharius* fonde l'abbaye de Guéret au milieu du viii* siècle.

(2) Conf. *Mathildis.*

(3) Conf. *Magatrudis* dans Grégoire de Tours. *Maymar* pourrait aussi être celtique.

(4) Conf. *Mallulfus.* Grégoire de Tours.

(5) Conf. *Medericus.*

(6) Grégoire de Tours, VI, 12, et VII, 10.

150 Robert (Rotbert). Robert . . . . *Rodobertus.*

151 Rollan . . . . Roland . . . . *Rotlandus.*

152 Rotaboul (Rotavol). Rodolphe . . . *Rodulfus.*

153 Roubi (Robi). . Robin . . . . (dim. de Robert).

154 Rostan . . . . *Rustanus, Rusta-gnus* (1).

155 Rosier (?) . . . . Rosier . . . . * *Rotharius* (?).

156 Salabert . . . . *Salabertus.*

157 Sandral (?).

158 Seguier, Sequier. Sicher . . . . *Sicharius.*

159 Seguy (Segoï!) Seguin . . . . * *Sigoinus.*

160 Sibert . . . . *Sigibertus, Sigo-bertus.*

161 Sicard . . . . * *Sichardus* (2).

162 Trinquard (?) (3).

163 Vibal (Visbal). . . . . * *Wisbaldus.*

---

(1) Diez ramène ce mot à *hrot stein*, pierre rouge.

(2) Conf. *Sicharius.*

(3) Ce nom, que nous n'avons rencontré dans aucun document ancien, doit se rattacher néanmoins au germanique, ses deux éléments, sous la forme de *trink* et *hard*, appartenant à cette langue. Le sens primitif de ce mot composé aurait, à ce compte, été celui de *rude buveur*. Trinquier peut offrir aussi la même racine allemande complétée par l'élément *hari* de même origine *(Trincharius?).*

DEUXIÈME PARTIE.

—

Notes sur l'idiome Rouergat.

I

Pour faire l'histoire de notre idiome et de ses variations dans le cours des siècles, il faudra commencer par
se mettre en garde contre une erreur de point de départ
que les meilleurs romanistes de France et d'Allemagne
n'ont pas su éviter, ce qui les a amenés à des conclusions
on ne peut plus fausses touchant les rapports qui existent
entre la phonétique de la vieille langue d'oc et la phonétique de ses patois modernes.

Pour établir une comparaison dans quelque ordre
d'idées que ce soit il faut, cela est incontestable, en pos-
séder d'abord tous les termes. Or, quand il s'agit de comparer entre elles deux langues parentes pour déterminer
les différences de prononciation qu'il peut y avoir de
l'une à l'autre entre les mots homonymes, cette condition
indispensable peut manquer si ces langues ne sont pas
vivantes toutes deux. En effet, si la prononciation d'une
langue actuellement parlée est un fait d'observation qui
tombe sous les sens, la prononciation de celle qui n'offre
à l'observateur que des textes muets, qui ne parle plus
qu'aux yeux, est une énigme à déchiffrer ; et le vieux
provençal est dans ce cas. Cette langue de nos ancêtres
ayant cessé de mettre en vibration l'air et les tympans
depuis près de quatre siècles, et tout ce qui en subsiste
étant renfermé dans des parchemins poudreux, si nous
parvenons à découvrir le secret de sa parole dans ses
écrits ce ne sera que par un travail d'analyse, qu'à l'aide
de rapprochements et de conjectures, c'est-à-dire par
une opération de l'esprit et non par une perception
directe de l'ouïe ; et ajoutons que la connaissance ainsi

obtenue par la voie du raisonnement n'aura jamais la certitude absolue de celle qui s'acquiert directement par l'expérience.

Et maintenant, quand les provençalistes ont entrepris le parallèle en question, se sont-ils occupés avant tout de dégager l'inconnue qui devra constituer l'une des données essentielles de cette opération? Autrement dit, ont-ils cherché à découvrir cette prononciation occulte du vieux provençal, duquel nous n'avons que les écrits, pour la mettre en regard de la prononciation actuellement parlante et *audible* de nos patois du Midi? — Hélas non! On a eu si peu de souci de résoudre cette difficulté qu'elle n'a même pas été aperçue. — Alors qu'a-t-on donc fait? — On a tenu pour connu ce qui ne l'était pas : chacun a lu les textes du vieux provençal en leur appliquant la prononciation de sa langue littéraire usuelle, de celle dans laquelle il avait appris à lire et dont il faisait un usage habituel ; et malgré cela on s'est persuadé qu'on prononçait le provençal à la provençale alors qu'on le prononçait à la française, à l'italienne, à l'espagnole, à l'anglaise ou à l'allemande.

Les linguistes que nous mettons ici en cause semblent avoir oublié tout-à-coup un grand fait linguistique qui est le pont aux ânes de la science ; c'est que les signes de l'écriture ont une valeur phonique purement conventionnelle et variable, nullement intrinsèque et absolue, qui diffère toujours plus ou moins, et quelquefois du tout au tout, d'une langue à l'autre. Qui, par exemple, ne sait pas que les caractères latins reçoivent dans la bouche d'un Espagnol, d'un Hollandais, d'un Hongrois, d'un Suédois, une interprétation particulière propre à chacune de ces nations et qui diffère parfois totalement de la façon dont la même voyelle, la même consonne, la même syllabe sont articulées chez les autres peuples faisant usage du même alphabet? Ne savons-nous pas tous notamment que la discordance qui existe à cet égard entre les langues française et anglaise est portée à un degré tout-à-fait charivarique?

Ainsi le système des corrélations existant entre les dif-

férents sons articulés et les différents signes graphiques
qui les représentent est constitué dans chaque langue par
des conventions qui lui sont spéciales et qui par conséquent n'autorisent pas à préjuger celles qui régissent les
autres langues. Il est bien vrai que, lorsqu'on veut lire
les écrits d'une langue, morte ou vivante, dont on ignore
la prononciation, force est de lui en prêter une, et c'est
celle de son idiome propre que chacun choisit ordinairement. Rien jusque-là que de raisonnable et de licite; mais
c'est une distraction étrange que d'oublier qu'une telle
prononciation est imaginaire, et de prendre cette fiction,
qu'on vient de créer, pour la prononciation vraie, qu'on
ignore. Telle est la faute dans laquelle on est tombé à
l'égard du vieux provençal, et une deuxième faute est
venue encore la compliquer et, pour ainsi dire, la compléter.

L'éducation littéraire de nos méridionaux lettrés s'étant
faite en français, ils lisent à la française les écrits du
vieux provençal comme feraient leurs compatriotes du
nord. D'autre part, les sons du patois qui se parle autour
d'eux ne manquent point, par la même raison, d'évoquer
dans leur esprit la figure des signes qui représentent les
sons similaires dans l'orthographe française; et si quelqu'un d'entre eux s'avise d'écrire son patois, un mouve-
ment spontané, inconscient, exempt de doute et de scrupule, le porte à orthographier ce patois à la française,
autant du moins que la chose est possible. A leur place,
cela va sans dire, un Anglais n'eût pas hésité davantage
à figurer la parole patoise à l'anglaise, de même qu'il eût
également prononcé à l'anglaise les mots écrits du vieux
provençal.

Or, cela fait, il arrive que, soit que l'on réunisse dans
la même oreille les sons fictifs prêtés à la vieille langue
d'oc et les sons réels des mots patois correspondants, ou
bien soit que l'on rapproche sous le même regard des textes classiques de ce langage ancien et des écrits patois,
écrits à orthographe, non pas provençale, mais française,
il arrive alors qu'une dissemblance inattendue, surpre-
nante, éclate entre les formes phoniques ou graphiques
d'autrefois et les formes actuelles. Mais ce n'est là qu'une

apparence trompeuse, ce contraste dont on est frappé est illusion pure, car il est le fruit d'une comparaison établie entre une donnée positive et une donnée chimérique, entre une chose qui nous est connue avec certitude, et une chose que nous ne connaissons pas et à la place de laquelle nous avons mis une hypothèse quelconque. J'ai été peiné autant que surpris quand j'ai vu dans la *Grammaire des langues romanes* de Diez cet excellent romaniste, ce grand linguiste s'abuser au point de constater et d'énumérer les prétendues variations phoniques de la langue d'oc en comparant les mots tirés des vieux textes aux mots correspondants tels qu'on les trouve orthographiés dans les ouvrages de nos rimeurs patois. C'est sur de pareils témoignages qu'il relève le contraste de l'*a* et de l'*o* anciens avec l'*o* et l'*ou* modernes : cet esprit éminent ne se doute pas de la grosse méprise dont il est dupe, il ne se doute pas qu'il prend l'image pour la réalité, et qu'il affirme la différence entre les choses alors qu'il n'est fondé à affirmer que la différence entre les symboles, entre des symboles conventionnels et arbitraires. Comment a-t-il pu se faire que l'illustre maître ne se soit pas dit que les mots vieux provençaux étant écrits d'après les règles de la phonographie provençale, et les mots patois d'après la phonographie française, la comparaison n'était pas possible, puisque rien ne prouvait que les mêmes sons fussent représentés dans ces deux cas par les mêmes signes, puisque c'était même le contraire qui était à présumer ? Non, il n'a pas aperçu cette vérité pourtant palpable, à savoir que le prétendu OU nouveau provençal n'est *ou* que parce qu'il a été tracé par une plume française; que si une plume allemande ou une plume anglaise avait eu à figurer le même son, elles l'auraient figuré, la première, par U, la seconde par OO ; enfin il a perdu entièrement de vue ce principe, capital pour la linguistique comparative, que pour comparer entre elles les *parlures* de différentes langues d'après leurs *écritures*, il faut au préalable que ces dernières aient été ramenées à l'unité de système orthographique.

Il faut maintenant se demander si la clef de la phonographie provençale est à jamais perdue, s'il est possible ou s'il faut désespérer de la retrouver. Nous répondons :

Des documents authentiques existent, d'où il résulte claire-
ment que les sons, les caractères phoniques principaux
par lesquels on prétend différencier nos patois provençaux
du provençal classique, appartenaient déjà à cette langue
dès les premiers siècles, et il paraît inexplicable que Diez
et ses disciples, à qui ces documents étaient familiers,
soient restés dans une illusion qui ne semble pas pouvoir
résister un instant à la vérité qui se dégage de ces écrits
dogmatiques avec tant de clarté.

Les *Leys d'Amors*, dont la rédaction fut achevée en
1356, et le *Donatz proensals* d'Hugues Faydit, que l'on
date du xiiie siècle, sont deux traités de grammaire et de
prosodie provençales. Dans ces deux ouvrages est posée
dans les termes les plus formels la règle de la double
variation des trois voyelles A, E, O. On y enseigne que ces
lettres sont susceptibles de deux sons, un son large (*so
larc*), et un son étroit (*so estrech*), deux sons tellement
distincts, ajoutent les auteurs, qu'ils ne peuvent pas rimer
ensemble. (Voir *Leys d'Amors*, t. I, p. 16; voir encore
notre opuscule intitulé *Le Félibrige*).

Et maintenant, en quoi se distinguaient l'une de l'autre
les formes jumelles de ces trois doubles sons? *Les Leys
d'Amors*, le livre de Hugues Faydit surtout, illustrent
cette variation par de nombreux exemples. Or, que nous
apprennent ces exemples? Ils nous révèlent, 1° qu'à l'O de
nos écrivains patois tenant lieu de l'A vieux-provençal
correspond invariablement l'A *estrech*; 2° qu'à l'È et à l'É
modernes correspondent respectivement, et avec une
régularité parfaite, l'E *larc* et l'E *estrech*; 3° qu'une coïncidence non moins exacte existe entre l'O *estrech* et l'OU
de nos orthographes (*cacographies* serait plus juste) patoises.

Une seule conclusion peut sortir de ces rapprochements,
c'est que le provençal classique avait deux manières de
prononcer l'A, l'E et l'O, suivant le cas, l'une dite large,
c'est-à-dire ouverte, et l'autre étroite ou, plus exactement, fermée; et, secondement, que ces deux nuances
vocales étaient les mêmes que celles que notre méchante
orthographe patoise essaye de distinguer au moyen des

signes A, È, O ou OUO, d'une part, et des signes O, È, OU, d'autre part.

Apprendre à lire la vieille langue d'oc, apprendre à écrire ses patois actuels, voilà par quoi il est indispensable de commencer pour instituer sur un bon pied la philologie comparative des différents âges et des différentes variétés locales de notre idiome du midi. Orthographier ceux ci et épeler celle-là d'après le mode français est tout aussi arbitraire et aussi irrationnel que de suivre en cela le mode anglais ; ainsi, phonographier d'après cette dernière langue LAW TOULAW, LOO PACOOL, ne serait pas en fait plus saugrenu que LO TAOULO, LOU PÉCOUL employés par nos patoiseurs françisants pour figurer les mots rendus par LA TAULA, LO PECOL dans la bonne orthographe provençale.

Notre vieille langue avait ses conventions, ses usages phonographiques consacrés ; c'est à ces conventions, c'est à ces règles traditionnelles et légitimes qu'il faut revenir pour écrire nos patois ; car emprunter pour cela la phonographie d'une langue étrangère, soit du français, soit de l'anglais, soit de l'italien, soit de toute autre, l'inévitable résultat sera de répandre la confusion et l'erreur sur les rapports phonologiques et sur les rapports étymologiques qui existent entre la vieille langue écrite et ses formes parlées modernes.

Certaines variations constatées dans l'orthographe appliquée au patois depuis la fin du xvi° siècle jusqu'à nos jours semblent donner un démenti à la thèse que nous venons d'exposer ; mais l'histoire critique de ces changements nous donnera raison. Oui, des modifications très caractérisées se sont produites à certaines époques et dans toutes les provinces de la langue d'oc, dans l'orthographe patoise ; mais si elles semblent accuser des modifications analogues et préalables dans la prononciation du patois, c'est là une fausse apparence qui doit cesser de nous tromper.

La langue d'oc, en tant que langue littéraire, n'a pas été supplantée par le français à un même moment sur tous les points de son territoire, et nulle part peut-être elle n'a offert à l'invasion étrangère une résistance aussi obstinée et aussi prolongée que dans notre immuable Rouergue. Quoiqu'il en soit, un ouvrage imprimé à Rodez en l'an 1556, l'*Opus tripartitum* de Gerson, traduit en rouergat, atteste qu'à cette époque la tradition littéraire et grammaticale de la langue d'oc n'était pas encore perdue chez nous. Cependant cet évènement ne devait pas se faire attendre : bientôt, ici comme partout ailleurs dans les pays d'Oc, la langue indigène se voyait bannie des écoles, on cessait partout de l'enseigner, de l'apprendre, et l'art de lire et d'écrire le provençal allait s'éteindre avec la vieille génération.

Ce résultat une fois consommé, quand, après un certain nombre d'années, la muse provençale revint furtivement de son exil, et souffla quelques inspirations timides dans certains cœurs où l'amour de l'ancienne patrie couvait encore sous la cendre, il arriva que la tradition grammaticale de la langue du pays était si bel et bien rompue qu'il ne subsistait aucun souvenir de son passé brillant, aucun souvenir de sa littérature, aucun souvenir de son existence comme langue écrite. On se trouvait en face du patois comme en face d'une de ces langues de sauvages, sans nom, sans passé, sans écriture, pour lesquelles il faudra forger de toutes pièces une orthographe, dont la grammaire est à formuler d'un bout à l'autre.

Les premiers écrivains patois se firent donc une orthographe, qu'ils imitèrent du français autant qu'ils le purent. Et maintenant si cette orthographe patoise des XVIIe et XVIIIe siècles s'éloigne beaucoup moins de l'orthographe classique que celle du XIXe, on a grandement tort de s'expliquer le fait par un changement équivalent survenu dans la prononciation du patois ; il faut, au contraire, en chercher la cause dans les vicissitudes de la prononciation française dans le Midi à partir de l'époque où la langue du Nord fut introduite chez nous.

Même de nos jours, les méridionaux qui ont reçu l'éducation française la plus soignée, si leur jeunesse ne s'est passée hors du pays natal, ne parviennent que rarement à parler la langue nationale avec son pur accent et de

manière à ne pas trahir à tout instant leur origine. Mais
c'était bien autre chose dans les premiers temps où cette
langue , jusqu'alors aussi étrangère à nos aïeux que l'espagnol et l'italien, leur fut imposée par décret royal, et
non sans violence. Ne pouvant que bien rarement l'apprendre par le commerce oral des *Francimans*, ils étaient
réduits à l'étudier dans les écrits ; et, privés de maîtres
compétents pour s'instruire de la prononciation vraie des
mots français, ils lui en substituaient une de leur façon
qui naturellement se trouvait être beaucoup moins française que provençale. Cette prononciation hétéroclite a
régné jusqu'à une époque fort voisine de celle où nous
vivons. Furetières s'exprime ainsi dans un passage repro-
duit dans le *Dictionnaire* de Littré : « Claude Lorrain, dit-
il , et Michel Le Clerc (membres de l'Académie) sont deux
Albigeois qui , étant venus ici apprendre la langue française dont ils ne savent pas encore la prononciation, veulent l'enseigner aux autres. » Le cas de ces deux enfants
d'Albi, sauf leurs prétentions académiciennes, était en
même temps celui de tous les lettrés méridionaux de la
même époque qui n'avaient pas quitté leur région. Il n'y
a pas plus de quarante ans qu'on pouvait constater encore
des vestiges de cet ancien état de choses : nous avons
souvenance de beaucoup de vieux prêtres rouergats ayant
gardé cette tradition. Voici quels étaient les traits les
plus saillants de ce langage particulier. D'abord, on ne
faisait grâce d'aucune lettre finale, toutes étaient scrupuleusement prononcées; le *b* et le *v* se confondaient en un
son mixte, assez peu distinct; cette nasalisation spéciale à
la langue française qu'on appelle l'*n muette* était absolument ignorée , l'*n* dans *an* ayant même son que dans *âne ;*
au reprenait sa valeur de diphtongue, toutefois avec cette
nuance que l'*a* y jouait à peu près le rôle d'un *o*, l'*au* de
autre se prononçant par exemple comme *ou* dans le portu-
gais *outro*. Enfin une dernière particularité , non moins
caractéristique , de ce français bâtard, c'est que la voyelle
o, dans tous les cas où elle répondait à un *o* provençal
estrech, était prononcée comme ce qui s'écrit *ou* en bon
français, comme ce qu'écrivent *oo* les Anglais , *u* les Espagnols. Ainsi les respectables vieillards dont nous par-

lons disaient, Monsieur, j'ai l'honneur d'être votre obéissant serviteur, comme si ces mots eussent été écrits *Moun-
siùr, j'ai l'hounur d'être votre oubéissant servitur* (il faut
ajouter que *eu* prenait toujours le son de *u*).

Du moment où ils prêtaient de tels sons aux mots français, nos méridionaux ne pouvaient faire qu'une chose
quand, oubliant que leur langue maternelle eut son orthographe, ils entreprenaient de l'écrire de nouveau en em-
ployant celle du français : figurer les sons du patois par
les signes qui étaient regardés par eux, soit à tort, soit à
raison, comme exprimant les mêmes sons dans la langue
française. Agir ainsi était logique et forcé, et la pensée
de faire autrement ne pouvait venir à l'esprit. Ainsi, les
mots *mon, ton, son, dévotion*, étant lus par erreur *moun,
toun, soun, dévoutioun*, quand se présentaient sous la
plume les quatre mots patois ayant véritablement cette
prononciation, les écrire comme s'écrivaient les mots
français jugés leur être phonétiquement identiques était
le seul parti rationnel à prendre, et cela allait de soi-
même.

Mais lorsque cette fausse prononciation française se fût
rectifiée, lorsqu'on eut découvert et qu'on fut suffisam-
ment convaincu que dans le français *o* dit toujours autre
chose que *ou*, et que l'office de celui-ci ne peut en aucun
cas être rempli par celui-là, en d'autres termes lorsqu'on
eut appris à lire *mon, ton, son* comme il convient, et conséquemment à différencier la prononciation des mots français de celle de leurs quasi-homonymes patois, on vit
aussitôt la nécessité de changer l'orthographe de ces derniers pour la mettre d'accord avec les règles reconnues
de la phonographie française. Et c'est à partir de ce
moment — qui ne fut pas le même pour toutes les provinces d'Oc — que les écrivains patois se mirent à écrire
moun, toun, soun, devoutiou, besoun, rasou; et *paoure,
laoure, naout*, etc.

Notre poète rouergat Claude Peyrot, dont les dernières
productions virent le jour après 89, a orthographié son
patois à la vieille mode, à la mode de ceux qui appli-
quaient au français la prononciation erronée que nous
avons fait connaître. Mais lorsque cette prononciation eut

subi la réforme profonde dont il vient d'être question, l'éditeur du curé de Pradinas se vit dans la nécessité, pour rendre les œuvres de son auteur intelligibles et lisibles pour la génération nouvelle, d'en changer l'orthographe d'après le nouveau style, et de les présenter au public ainsi refondues et rajeunies.

Répétons-le donc, c'est par l'effet d'une méprise, méprise générale partagée par les savants, que le changement très-notable qui s'est produit dans la manière d'écrire les divers patois provençaux a été regardé comme la conséquence et la preuve d'un changement semblable survenu dans la prononciation de ces idiomes; cette innovation orthographique est due tout entière à la révolution — encore incomplète d'ailleurs — qui s'est opérée depuis moins de cent ans chez les Français du Midi dans la connaissance du français oral, dans leur façon de parler la langue officielle.

Une objection spécieuse peut nous être faite, on peut nous faire remarquer que l'orthographe de la langue classique elle-même, à la veille de s'éteindre, venait de s'altérer précisément dans un sens contraire à l'un des caractères distinctifs de la première orthographe patoise, celui qui consiste dans le maintien de *o* pour *ou.*

Il est très-vrai que dans les écrits vieux-provençaux du xvie siècle l'*ou* français se substitue à l'*o estrech* dans un petit nombre de mots, toujours les mêmes. Mais si l'on considère quels sont ces mots particuliers, on découvre facilement la raison de l'exception dont ils sont l'objet. On observe d'abord que ce sont des termes très usuels; mais ce n'est pas tout : il est aisé de s'assurer que *tous* ont dans le français des homonymes phonétiques exacts, mais s'écrivant par *ou* au lieu de *o.* Et maintenant, qui écrivait encore le provençal aux temps de décadence dont il s'agit? C'était des tabellions bilingues rédigeant en même temps, et encore plus souvent, en français. Ces mots ayant même prononciation dans les deux langues, mais distincts d'orthographe, commandaient spécialement l'attention du scribe : il se sentait exposé à les confondre, à les orthographier à la provençale quand il écrivait en français, et *vice versâ.* Mais ce qu'il redoutait par dessus tout, ce n'était pas de manquer aux règles de langue déchue, c'était de trahir son inexpérience, c'était de se montrer peu expert dans la langue dominatrice. Pour se mettre à cet égard à l'abri du danger, il prit le parti *de clicher*, pour ainsi dire, ces mots dans leur moule français et de les employer invariablement sous cette forme unique dans l'une et l'autre langue. Et c'est par l'effet de cette filiation d'idées que les actes notariés de l'époque susdite portent *lo jour — touts los homes — causa conoguda vous sia*, etc., orthographe hétérogène, macaronique, qui reste celle du provençal pour tous les mots que seul il peut revendiquer, mais qui devient française pour tous ceux qui sont la propriété commune des deux langages.

Les documents vieux-provençaux du xvie siècle contiennent quelques autres particularités orthographiques qui peuvent faire penser que déjà se préparaient et commençaient les prétendues crises phonétiques qui auraient éclaté, d'abord à la chute de la langue classique, et puis au sein des patois. Ceci est encore à certains égards une erreur. Certes on ne peut point douter que la parole provençale se soit altérée depuis l'époque reculée d'où datent ses premiers monuments littéraires, non-seulement au point de vue grammatical, mais aussi au point de vue de la prononciation; mais ce qui nous paraît hors de doute et très-important d'établir, c'est que tous ces changements remontent jusqu'à l'ère littéraire de la langue d'oc, et datent en réalité du xive siècle. D'ailleurs, il ne faut pas croire que durant l'âge d'or du provençal la langue fut la même pour toutes les classes de la société, et que le *fin parler* des troubadours fut aussi à l'usage des manans. Dans la littérature même, la langue diffère suivant les genres : elle n'est pas la même pour la poésie lyrique et pour la poésie didactique, pour la poésie et pour la prose. Cependant la langue écrite obéissait alors à certaines règles dont aucun écrivain ne jugeait pouvoir s'affranchir. Mais il en était sans doute bien autrement des illettrés, et c'est ce que constatent les grammairiens du xive et même ceux du xiiie siècles. Quand vint la décadence rapide, précipitée, du xvie siècle, ces lois du beau langage furent

mises de côté, et quand on écrivait encore la langue d'oc,
le plus souvent on l'écrivait telle que le vulgaire la par-
lait. C'est ainsi que durant toute la première moitié de ce
siècle, et dès la fin du précédent, l'*r* finale des infinitifs, et
des substantifs et adjectifs en *or*, disparait sur les actes
des notaires, dans les comptes et rapports des consuls
boursiers, et autres écrits de cette sorte; mais quand par
exception il se produit une œuvre d'un caractère plus littéraire, aussitôt ce même *r*, partout ailleurs négligé,
reparaît. J'ai sous les yeux un recueil de testaments
reçus par divers notaires de Rodez au xvi° siècle; dans la
plupart on lit *dona* (donà), *paga* (pagà), et *donado* (donadò),
pagado (pagadò), pour *donar*, *pagar*, *donador*, *pagador;*
mais voici un intéressant petit volume sorti des presses
d'un imprimeur de la même ville en l'an 1556; c'est une
traduction en rouergat de l'*Opus tripartitum* de Gerson
exécutée par les ordres du cardinal d'Armagnac, alors
notre évêque. Dans cet ouvrage, qui est probablement
le dernier qu'ait enfanté la littérature provençale expi-
rante, l'*r* désinentielle est scrupuleusement observée partout.

Ce rapprochement, avec quelques autres indices, notamment avec certaines remarques contenues dans les *Leys
d'Amors*, nous semble fournir la preuve que le respect de
la grammaire, aussi longtemps qu'il conserva son empire,
maintenait seul dans l'orthographe certaines lettres que
le langage oral, le langage populaire tout au moins, avait
depuis longtemps laissé perdre.

Pour nous résumer et conclure sur ce chapitre, nous
répéterons que les changements de prononciation que l'on
a inférés de certains changements d'orthographe distin-
guant la vieille langue d'oc de la nouvelle, et divisant à
son tour celle-ci en plusieurs époques, sont de pures illu-
sions que les explications ci-dessus auront suffi, nous l'espérons, à détruire. Et nous espérons aussi par conséquent
que l'on comprendra la convenance de répudier l'orthographe patoise actuelle comme irrationnelle et barbare,
et de restituer à sa place celle du provençal classique
dans ses principes essentiels.

II

Bien que la langue d'oc fût à travers toute l'étendue de son domaine géographique d'une uniformité assez parfaite quant au vocabulaire et à la grammaire pour ne former qu'une seule et même langue intelligible à tous, elle présentait cependant d'une région à l'autre des différences assez tranchées sous le rapport de la prononciation.

Ces variations phonétiques ne s'accusaient point toutes dans l'écriture, et bien que celle-ci constitue le seul témoin que nous puissions consulter sur cette question, nous trouvons dans les documents littéraires du provençal certains indices qui, rapprochés de la phonétique de nos patois actuels, apportent la presque certitude que la géographie phonologique du pays d'Oç était, dès le XII⁰ siècle, ce qu'elle est aujourd'hui.

Les variantes dialectales de prononciation se distribuent le territoire occitanien suivant des modes divers : les unes occupent des aires continues et uniques, la distribution géographique des autres affecte le type multiple, discontinu et disséminé ; il en est qui se partagent le pays par latitudes, d'autres par longitudes, certaines suivant l'altitude, et quelques-unes enfin semblent offrir une corrélation de situation avec la constitution géologique du sol et sa flore cultivée.

Les différents organismes phoniques à variation dialectale ont chacun leur carte, et les divisions de ces cartes ne coïncident pas entre celles-ci, comme on pourrait se l'imaginer, pour se résumer en une carte sommaire unique dont les départements correspondraient à autant de dialectes qui seraient exactement circonscrits par un périmètre formé d'une seule et simple ligne de démarcation. La réalité nous présente tout autrement les choses : Ainsi la phonétique du Rouergue, comme nous le verrons plus en détail tout à l'heure, appartient à la fois, 1° à une région phonologique qui comprend tout le littoral de la Méditerranée (ou peu s'en faut) ; 2° à une deuxième région phonologique qui occupe tout le sud-ouest, et se termine à l'est par notre département ; enfin , 3° une troisième province phonologique réunit cette fois le Rouergue à la partie montagneuse du nord , et à une enclave distante formée des montagnes du Dauphiné.

Nous allons passer à présent à une description sommaire de la géographie phonologique de la langue d'oc , afin de déterminer la place du rouergat dans les diverses catégories de cet ordre.

Il faut d'abord faire connaître les principaux de ces organismes phonétiques polymorphes dont les formes distinctes se détachent sur la carte du pays en autant de plaques d'étendues et de configurations diverses. Avant tout , faisons observer que la variation de ces organismes est , pour la plupart , *dichotomique* , c'est-à-dire à deux variantes seulement.

1.—Les suffixes latins ANUS ; ENUS ; INUS ; ONUS ; O, ONIS ; UNUS , et autres en N , se romanisent par la suppression de la désinence casuelle dans la Provence propre et sur tous les bords de la Méditerranée , de l'est à l'ouest , jusqu'à Montpellier inclusivement. Dans l'ouest et sur tout le massif central , l'*n* radical suit la désinence dans sa chute , il est supprimé comme elle. Ainsi dans la première de ces deux régions , *Romanus* , *Latinus* , *Cicero* , deviennent *Roman, Latin, Cicéron ;* dans la seconde, ils se réduisent à l'état de *Romà, Latì, Cicerò.*

Le Rouergue appartient à la région ANUS , ENUS, etc.= A , E , etc. Il convient de faire remarquer que l'*a* de ANUS , ou ANIS , est toujours un *a* fermé (*estrech*) dans le patois rouergat, sauf pourtant sur les limites du Gard, de l'Hérault , du Tarn, du Tarn-et-Garonne et du Lot, où il devient ouvert (*larc*) comme dans tout le midi.

Il faut constater aussi que l'*n* primitif apparaît encore çà et là dans des mots faisant partie de locutions usuelles où en quelque sorte ils ne font qu'un avec ceux qui les suivent. Ce n'est pas seulement devant une voyelle, c'est aussi en face d'une consonne que l'*n* se maintient dans de tels cas. C'est ainsi que nous ne disons pas *la ma drecha, lo bo vi, un ple ponh* (une poignée), comme le demanderait la règle phonétique de notre dialecte, mais *la man drecha, lo bon vi, un plen ponh.*

2. — Lat. AL, ALIS, ALUS, ALLUS et ELLUS, prend en provençal deux formes, AL, EL, et AU, EU.

Le type vocalisé règne sur la plus grande étendue de la terre d'Oc ; le type consonne possède entre l'est et l'ouest, et de la Méditerranée aux monts d'Auvergne, une enclave peu étendue dont le Rouergue fait partie.

Notre AL est presque toujours ouvert (*larc*), comme dans *sal, tal, mal, feyral, gal;* mais quelques mots font exception à cette règle : AL est fermé dans *segal* (secale) *Perceval* (nom propre plus souvent écrit par abus *Persegol*), *fornial* (fournil), *fenial* (grenier à foin), et généralement dans les mots en IAL. Cependant il reste ouvert dans *bestial* (bétail), et *veyrial* (vitrail).

3. — Lat. ALIDUS, ALDUS, donne naissance à deux formes provençales, AL(*d*) et AUT, qui présentent une coïncidence géographique assez exacte avec les précédentes : la première, avec AL, EL ; la seconde, avec AU, EU.

Le Rouergue est compris dans la région ALIDUS, ALDUS = AL (avec *a* ouvert). Dans les flexions de ce suffixe, le *d* reparaît, mais avec le son d'un redoublement de *l*. Ainsi *cal* (calidus) fait, au féminin, *calla*, au diminutif, *callet*. Cependant il fut toujours d'usage d'écrire par *d*.

Cette conservation du *l* donne à notre dialecte l'avantage de permettre la distinction de deux affixes vieil-allemands, *ald* et *aud*, qui entrent dans beaucoup de nos noms de famille, et qui se confondent ailleurs en une seule et même forme *aud*.

4. — Lat. CT = prov. CH et IT (Ex., *och, uech ; oit, ueit*). La première de ces deux métaphonies s'observe tout le long du littoral méditerranéen, de Narbonne à Toulon, sur une bande de territoire de largeur variable ; notre département en forme l'angle nord-ouest avec une partie du Lot.

La syllabe OCT, comme dans *octo, noctem*, se transforme en UECH dans les arrondissements de Rodez, Millau et

Espalion ; elle fait ιοсн (comme à Montpellier) à St-Affri-que, et есн (comme à Cahors) à Villefranche.

La forme latine οριυς, comme dans *modium, podium*, suit la même loi de transformation : *muech, puech ; mioch, pioch ; mech, pech*, accompagnent respectivement *nuech, cuech ; nioch, quioch ; nech, quech.*

5. — Le V latin se prononce comme B dans toute l'an-cienne Guyenne.

Le Rouergue rentre dans cette aire phonologique. Il est vrai que dans la langue écrite littéraire, c'est-à-dire jusqu'au milieu du XVIᵉ siècle, l'orthographe garde le silence sur cette particularité de notre prononciation ; n'aurait-elle donc pas existé chez nous avant cette époque ? Il faudrait aussi qu'elle n'eût pas existé à Toulouse, Carcassonne, Albi, Montauban, Cahors, dans toutes ces villes qui nous avoisinent à l'ouest, dans tous ces pays moitié languedociens, moitié gascons, dont Scaliger célé-brait le bonheur de leurs peuples, *quibus vivere est bibere*, remarquait-il, et où cependant le provençal classique fut cultivé avec éclat sans qu'aucun de ses monuments, même les moins anciens, porte la marque de cet idiotisme pho-nétique, en quelque sorte national, et dans lequel on doit voir la trace d'une ancienne occupation de notre sud-ouest par les Ibères. La seule hypothèse qui puisse trouver place ici, c'est que le V se maintenait dans l'écriture par l'influence de la tradition latine et par le respect des étymologies. Il est vrai que les Béarnais avaient entière-ment remplacé le *v* par le *b* dans l'orthographe de leur dialecte roman, depuis les temps les plus reculés ; mais bien que ce dialecte appartînt incontestablement à la lan-gue d'oc, il était demeuré en dehors de son grand mouve-ment littéraire, et était resté insoumis aux lois édictées par les grammairiens provençaux.

6. — Une distinction dialectale des plus intéressantes est celle qui est puisée dans le dédoublement phonétique de la voyelle A en deux nuances de son que notre mauvaise orthographe patoise différencie par les signes *a* et *o*, mais qui, d'après les considérations précédemment exposées, ne sont pas autre chose que les deux prononciations indi-

quées dans les grammaires de la langue d'oc sous les dénominations de A *larc* ou *plenissonan*, et de A *estrech* ou *semissonan*.

Ce double son attribué au signe A est l'un des caractères distinctifs de la langue provençale. Cependant, bien que commun à presque tous ses dialectes, il manque dans le catalan et dans le langage de Montpellier et de son territoire jusqu'à Lodève : dans l'un et l'autre de ceux-ci, l'A *estrech* ou A fermé est entièrement inconnu.

Dans le plus grand nombre des autres provinces de la langue d'oc, ce son s'observe dans l'*a* atone des désinences féminines, tandis que l'*a* tonique est constamment ouvert (*larc*). Ailleurs, en Dauphiné, sur quelques points de l'Auvergne et du Limousin, c'est l'inverse qui se produit : l'*a* atone est ouvert, l'*a* tonique est souvent fermé. Enfin il est certaines parties du domaine provençal où le son fermé appartient à la fois à l'*a* atone, dans tous les cas, et à l'*a* tonique dans une série de mots correspondant à certaines catégories de formes latines déterminées.

C'est cette dernière prononciation, restreinte à quelques contrées des deux régions montagneuses de l'Est et du Centre, qui seule est classique, qui seule répond exactement à la règle phonétique de A, magistralement exposée par les grammairiens des xiii° et xiv° siècles. Notre Rouergue a l'honneur d'appartenir à cette division dialectale privilégiée.

7. — La phonétique aveyronnaise présente une autre particularité remarquable qui ne se montre que sporadiquement sur la carte de la langue d'oc, et dont on ne trouve plus ailleurs la trace que dans une partie de la Provence propre (voir les *Œuvres patoises* de Brueys d'Aix) et dans quelques localités du Limousin. Elle consiste dans la diphthongaison de l'*o* ouvert au moyen de la préfixion du son voyelle que les Français rendent par *ou*, les Anglais par *oo*, les Italiens, les Espagnols et les Allemands par *u*, et que nous conviendrons de figurer ici, afin d'éviter toute méprise, par le signe *û*, tandis que, pour différencier l'*u* français, qui est aussi l'*u* provençal, nous emprunterons aux Allemands leur lettre *ü*.

Ainsi le provençal *ome* se prononce en rouergat *üome*, c'est-à-dire à l'instar de l'italien *uomo*.

L'orthographe classique a évité de souligner cette nuance phonétique, mais elle en a subi certainement l'influence et cela d'une façon qui atteste que ce mode de prononciation est très-ancien et que les pays auxquels il est attaché eurent une part majeure dans la formation de ce langage convenu de la poésie lyrique, qui était devenu aussi peut-être celui de nos diverses cours féodales. Nous allons expliquer notre pensée et donner des preuves.

Il est une catégorie de mots latins à radical monosyllabique en oc ou en ov à qui la phonétique de la langue d'oc ancienne fait subir des traitements variables : suivant les dialectes, ces monosyllabes originaux sont conservés tels quels, ou bien la voyelle y passe à l'état de diphthongue et devient tantôt *ue* et tantôt *uo*. Ainsi, lat. *focum*, *locum*, *cocum*, *bovem*, *ovum*, prennent concurremment les trois formes suivantes : *foc, fuec, fuoc; loc, luec, luoc; coc, cuec, cuoc; bou, bueu, buou; ou, ueu, uou*. Or, à la place de ces trois formes classiques, les patois modernes nous en offrent une quatrième qui règne sans partage dans le domaine provençal presque tout entier; c'est la forme ɪo, donnant *fioc, lioc, quioc, biou, iou*, qu'on ne rencontre jamais dans le vieux langage littéraire.

Cette forme patoise serait-elle donc issue de quelqu'une des trois formes classiques? — Nous croyons qu'elle est antérieure tout au moins à l'une de celles-ci, et que *uo* procède de *io*. C'est ce que nous allons essayer d'établir.

Le patois rouergat, par une exception presque singulière, possède la forme *uo*. Or, en ce qui le concerne, il est évident que cette diphthongue est née du conflit de l'*i* primitif de *io* avec son *o* devenu *üo*; ainsi notre *füoc* est pour *fiüoc*, *büou* est pour *biüou*, etc.

Les mots monosyllabiques qui viennent d'être cités ne sont pas les seuls qui renferment la diphthongue *io* dans la généralité de nos patois modernes; elle s'offre encore dans d'autres classes de mots, où cette fois elle se trouve commune à la vieille langue et à la généralité de ses patois actuels; on l'observe notamment dans la métaphonie du suffixe latin ᴇᴏʟᴜs, ɪᴏʟᴜs, faisant ɪᴏʟ. Ex., *auriol*, *carriol*, *viol* (sentier).

Or l'*o* de cette terminaison est ouvert (*larc*) ; le rouergat, si la règle est juste, devrait donc convertir *iol* en *ŭol*, pour *ỉŭol*. Eh bien, cela a lieu en effet, et sans exception aucune ; oui, tous les *iol* du vieux provençal et des autres patois sont remplacés dans le nôtre par *uol*.

Cette loi de genèse phonétique trouve d'autres applications encore, qui en achèvent la démonstration. On connaît la désinence diminutive ᴏᴛ, fem. ᴏᴛᴀ, très-commune dans tous nos patois. Or l'*o* de cette particule est ouvert, et, comme tel, il doit conséquemment se prononcer en rouergat, et s'y prononce en effet, *ŭo*. Ainsi, *efantot*, *filhota*, *Peyrot* se prononcent dans notre idiome particulier *efantŭot*, *filhŭota*, *Peyrŭot*.

Mais ce suffixe s'applique à un certain nombre de radicaux terminés en *i;* or cet *i* radical, se trouvant alors en conflit avec le *o*=*ŭo* du suffixe, devrait produire chez nous un diminutif *uot*, *uota*, pour *iot* et *iota*. Eh bien, notre règle subit avec un succès absolu l'épreuve de cette nouvelle pierre de touche. Sans prolonger cette démonstration théorique, nous allons présenter ci-après une série d'exemples des transformations phonétiques dont il s'agit.

Mots formés avec le suffixe ɪᴏʟ.

Radicaux.	Dérivation ordinaire.	Dérivation rouergate.
....	S. Andiol	S. Anduol.
		(*S. Andeolus*).
Aur.	Auriol	Auruol.
Barri............	Barriol	Barruol.
		(faubourien).
Bestia	Bestiola.........	Bestuola.
Brota (bouton d'arbre).	Brotiola..,......	Brotuola.
		(bouton de peau).
Cabra...........	Cabriola	Cabruola.
		(chevreuil).
Carri ....,....	Carriol....,......	Carruol.
		(brouette).

....	S. Lions...........	S. Luons.
		(S. *Leontius*).
Mul.............	Miol...........	Muol (mulet).
Via.............	Viol...........	Vuol (sentier).

Mots formés avec le suffixe or.

Radicaux.	Dérivation ordinaire.	Dérivation rouergate.
Bria (miette de pain)..	Briota...........	Bruota.
Boria (métairie)...	Boriota........	Boruota.
Maria...........	Mariota.........	Maruota.
....	Piot (dindon).....	Puot.

Nous croyons qu'on doit inférer des considérations qui précèdent que les formes classiques *buou, uou, fuoc, luoc, cuoc* furent des emprunts partiels à notre dialecte, d'après une habitude dont on trouve divers autres exemples, tels que *chantar* et *chanso*, empruntés par la langue générale aux dialectes du nord, et qui sont entièrement étrangers à la zone méridionale, où *cantar* et *cvnso* sont seuls usités.

Il est encore une classe de mots monosyllabiques à *o* larc, où cette voyelle subit une diphthongaison d'un autre type, lequel est commun aussi à la langue littéraire et à notre dialecte rouergat, tandis qu'il est remplacé par une forme différente dans la plupart des patois. *Uech, nuech, puech, muech, uelh, bruelh, fuelh*, appartiennent à la fois au langage des troubadours (concurremment avec plusieurs autres formes) et à notre parler du Rouergue; ils sont une modification spéciale des originaux romans *och, noch, moch* (modj), *poch* (podj), *olh, brolh, folh*, qui ont été usités dans la littérature classique, et dont certains patois modernes possèdent une transformation en *io* donnant *ioch, nioch, pioch, mioch, iolh, briolh*, qui n'apparaît jamais dans l'ancien provençal.

La forme UE des cas qui précèdent et de tous ceux de la même catégorie descendrait-elle de *o* par *io*, comme la forme *uo* de *buou, fuoc*, etc.? Ceci nous paraît douteux, mais nous croyons toutefois que *ioch* et *iolh* furent contemporains et congénères de *fioc* et *biou*, mais que, de même que ceux-ci, ils furent systématiquement exclus de la *fina parladura* au profit de la forme *uech*, *uelh* d'un dialecte rival.

Le *ûo* pour *o* ouvert, et la forme consécutive et corrélative *ŭo*, n'occupent sur la carte du Rouergue qu'une tache centrale qui laisse hors de son périmètre toute une bordure prise sur nos cinq arrondissements au confin de tous les départements limitrophes : Lacalm et Saint-Affrique, Villefranche et Nant, Naucelle et Saint-Laurent-rive-d'Olt, situés aux coins les plus opposés du département, sont tous extérieurs à cet ilot.

8. La carte la plus importante de tout l'atlas phonologique de la langue d'oc est incontestablement celle qui nous offre son territoire coupé par une ligne à peu près droite, allant des Alpes à l'Océan, en deux grandes zones d'une superficie presque égale.

Cette division géographique représente les deux variantes dialectales des deux gutturales latines C et G appuyées sur la voyelle A, comme dans *vacca* et *gallus*. La ligne de cette longue frontière commence dans le sud du département des Hautes-Alpes, se dirige tout droit sur la Lozère, qu'elle traverse directement au-dessus de l'arrondissement de Florac ; au point où elle atteint l'Aveyron, au nord de Marvéjols, elle se réfléchit sur la limite aveyronnaise, contourne exactement tout l'angle nord de notre département sans l'entamer, pénètre ensuite dans le département du Cantal, le coupe en deux entre l'arrondissement de Saint-Flour et celui d'Aurillac, puis se continue sans brisure ni courbure jusqu'à l'embouchure de la Gironde.

Tout ce qui est au midi de cette remarquable frontière linguistique prononce CA et GA en maintenant leur valeur aux deux gutturales latines ; tout ce qui se trouve, tout ce qui parle de l'autre côté, c'est-à-dire au nord, change ces gutturales en chuintantes. Ainsi, en deçà de la grande ligne divisoire, on n'entend que *vaca*, *cabra*, *castel*, *gal*, *garric ;* au-delà, et sur quelque point de son long parcours que vous la franchissiez, vous commencez à entendre *vacha*, *chabra*, *chastel*, *jal*, *jarric*, et ce chuintement se continue à travers la Loire dans les pays de la langue d'oïl, jusque chez les Picards et les Normands, où l'on rentre sur les terres du CA, GA = CA, GA.

Les plus vieux monuments de la langue d'oc nous apportent la preuve que cette importante scission phonétique s'était accomplie en même temps que le roman constitué se dégageait de sa coque latine.

Le patois rouergat présente aujourd'hui quelques mots où une gutturale originelle est devenue chuintante ; mais ces mots nous sont tous venus du français. Tel est *chaval*, aujourd'hui exclusivement employé au lieu de *caval*.

9. — Les pays de la langue d'oc se partagent sporadiquement en deux régions phonétiques répondant à une double prononciation de CH, GE et J : Ces consonnes ne *chuintent* réellement que dans certaines contrées ; dans les autres elles prennent le son du *z* italien, ou *tz*. Cette variation, sans doute fort ancienne dans le provençal, ne se traduit pas dans l'orthographe classique ; cependant elle y perce çà et là. *Borzes*, bourgeois, pour *borges*, est un de ces lapsus révélateurs.

Ces deux prononciations se partagent le territoire rouergat à peu près entièrement d'après la constitution géologique du sol : le CH = TCH occupe tous nos grands plateaux calcaires et trias des arrondissements de Rodez, Millau, Espalion, Saint-Affrique, ainsi que les terres volcaniques du nord ; le CH = TZ règne sur tous les ségalars et sur le causse de Villefranche.

III

Parmi les dictons, expressions proverbiales et figures de langage en usage dans notre patois, il en est que les bouches les plus pudiques prononcent sans scrupule, et qui blesseraient fort la bienséance si le sens littéral n'en était point perdu pour tous. On sait que le nom de *Jean*, par un privilége dont j'ignore la cause, est employé, avec certaines épithètes ou autres compléments qu'on y ajoute, à former des appellations d'un caractère plus ou moins désobligeant. Telles sont les suivantes : Jean de Nivelle ; Jean qui pleure, Jean qui rit ; Jean fille ; Jean fiche ; Jean fesse ; et autres, devant lesquelles je m'arrête.

Mais le moins poli peut-être de tous ces Jean, le moins

présentable, c'est notre patois qui le possède. Toutefois, ayant cessé de comprendre le véritable sens de cette locution scabreuse, nous n'en faisons qu'un usage innocent, ce qui n'était pas tout-à-fait le cas de nos aïeux, soit dit sans vouloir manquer de respect à ces vénérables ancêtres.

Joan-viech, telle est l'expression dont je veux parler ; elle était familièrement employée dans ma jeunesse par les personnes les plus graves et les plus réservées pour désigner un homme bizarre, distrait, étourdi. Quel est le mot de cette énigme étymologique ? Je vais essayer de répondre en m'efforçant de respecter les lecteurs plus que n'était soucieuse de le faire la vieille langue d'oc qui, non moins que le latin, bravait l'honnêteté en ses vers et en sa prose.

Le mot *viech* associé à *Joan* se retrouve dans une autre expression de même ordre, et non moins populaire, celle de *viech d'ase*, que l'on s'est plu à interpréter par *visage d'âne*. La vraie signification du terme vise une autre partie du corps ; on le rencontre dans le Glossaire provençal d'Hugues Faidit (*Donatz proensals*) parmi beaucoup d'autres tout aussi mal choisis, et il y est traduit en latin par *veretrum*. La traduction littérale de *viech d'ase* et de *Joanviech* est donc respectivement *veretrum asini* et *Joannes veretrum*. Il existe une variante de *viech d'ase*, c'est *viech d'auques*. Bornons-nous à dire que *auques* est le pluriel de *auc*, masculin de *auca*, oie.

Le mot *viech* a pour homonyme latin *vectis*, dont il procède de la même manière que *piech* procède de *pectus*, et *liech* de *lectus*. C'est par une figure qu'il serait superflu d'expliquer que ce terme, *vectis*, a été détourné de son sens propre pour revêtir la signification métaphorique qu'il a dans les langues romanes (la langue d'oïl l'a aussi adopté avec la même valeur).

IV

L'action combinée de la renaissance et de la francisation officielle de notre pays au XVIe siècle a eu pour effet de rompre nos traditions orthographiques et historiques à

un degré inimaginable, et il en est résulté les plus surpre-
nantes corruptions dans notre onomastique aveyronnaise.

Des villes, comme Millau, Saint-Affrique; un chef-lieu
de canton, Saint-Rome-de-Tarn, où doivent exister, où
existent des archives, ont pu oublier la véritable forme
de leur nom et permettre qu'il fût mutilé et dénaturé de
la façon la plus barbare dans la rédaction officielle de nos
dénominations de lieux. *Millau* est pour *Amilhau* (latin
Amigliavum). L'*a* initial a été pris pour la préposition de
tendance, qui se soude souvent avec les noms de lieux
dans notre parler rouergat. En supprimant cette lettre,
on a cru faire acte de puristes, on s'est imaginé corriger
un solécisme patois, et on a attesté par là qu'on était d'une
ignorance sans excuse, non-seulement en philologie, mais
aussi en histoire locale.

L'adultération des deux noms dont on a fait *St-Affrique*
et *St-Rome* est quelque chose de plus fort encore; ceci
est véritablement monstrueux. Les deux localités qui portent ces dénominations sont sous les vocables de saint
Africanus et de saint *Romanus;* cette indication, qui
s'ajoute à toute espèce d'autres preuves, nous est four-
nie par tous les titres latins qui mentionnent cette ville et
ce bourg.

Il faut savoir que notre idiome rouergat, abandonné
sans contrôle grammatical à la négligence et à l'ignorance
des illettrés, qui seuls en font leur parler habituel depuis
la prise do possession du français, tend, entre autres défauts, à perdre la notion correcte de la tonicité dans certaines formes de mots, et notamment dans ceux qui pro-
cèdent de mots latins en *anus*, suffixe qui, en rouergat,
ainsi que nous l'avons fait remarquer plus haut, se transforme en *à*. La tendance vicieuse dont nous parlons consiste ici à reporter l'accent de cette terminaison sur la
syllabe qui la précède. Ainsi beaucoup de personnes aujourd'ui (j'ai le souvenir que dans ma jeunesse la faute était
plus rare) prononcent *àlta* pour *altà* (l'autan), *gìrma* pour
girmà (germain); cette accentuation fautive avait atteint
aussi les noms rouergats *S. Affricà* et *S. Romà,* qui sont
devenus dès-lors, dans la bouche de ceux qui parlent

négligemment et sans critique, *S. Affrica*, *S. Rôma*. C'est sur cette prononciation vicieuse du patois local que fut arrêtée par l'administration française la forme officielle du nom des deux localités en question, et l'on obtint de la sorte ces deux appellations baroques et absurdes qui nous offrent l'association du titre de saint au masculin avec les noms féminins d'une des cinq parties du monde et d'une capitale célèbre, ce qui a pour effet de supplanter les deux vénérables patrons honorés jusqu'alors, par deux saints nouveaux, mais tout artificiels, et forgés d'une façon qui est outrageante à la fois pour la grammaire, l'histoire, le sens commun et la religion.

Il existe une classe de noms propres de famille venant du tudesque, ceux qui portent originellement la particule finale *frith (fredus)*, qui ont subi aussi un déplacement d'accent, et s'en trouvent défigurés pour l'oreille : *Affrè*, *Ayfrè*, *Gaufrè*, *Joffrè*, *Matfrè*, ont de la peine à se retrouver aujourd'hui dans la prononciation des Affre, Ayfre, Gauffre, Joffre, Maffre.

L'orthographe de la langue d'oc a contribué à cette viciation de la prononciation en négligeant de noter l'accent tonique dans les mots équivoques.

L'aphérèse, qui a altéré certains noms de lieu en y supprimant l'initiale A prise par erreur pour une préposition parasite,—comme dans *Amilhau* et *Azinieyra*, dont il a été parlé précédemment, devenus *Millau* et *Inières* ou *Zénières*, — a attaqué d'autres noms en y supprimant la même lettre qu'une fausse interprétation attribuait cette fois à l'article, quand en réalité elle appartenait au substantif lui-même. Ainsi ce qu'on écrit aujourd'hui *La Morne*, est une ancienne métairie de l'hospice de Rodez, qui est l'*Almorna* ou l'*Aumorna* dans tous les titres du moyen-âge relatifs à cet établissement. Cette faute d'orthographe entraîne avec elle une erreur étymologique qui, à l'idée d'une donation charitable dont ce mot d'*Aumorna* (=*eleemosyna*, aumône) devait perpétuer le souvenir, substitue l'idée d'un site peu riant, au fond tout à-fait étrangère à la dénomination dont il s'agit.

Une cause très féconde d'altération des noms propres

ou communs est celle qui consiste à leur substituer des paronymes par suite de fausses associations d'idées résultant d'une part de l'oubli de la signification originelle des termes, et, d'autre part, du besoin qu'éprouve l'esprit d'imaginer une signification là où il n'en existe plus pour lui. Les falsifications de mots les plus bizarres ont cette origine. Le mot français *chou-croûte*, imité de l'allemand *sauer Kraut*, littéralement, *aigre* (sauer) *herbe* (Kraut), est un exemple typique de cette sorte de méprise. *Port-aux-Poules*, nom donné par les Français à un petit port de la côte algérienne d'après le nom de *Porto-Paolo* qu'il avait reçu des Italiens, est un autre exemple de ce genre tout aussi plaisant. Notre rouergat a aussi quelques formations semblables : le roc de *Tripadou*, agréable plate-forme au haut d'un rocher vertigineux qui est l'un des contreforts naturels de l'enceinte ruthénoise, doit de s'appeler aujourd'hui ainsi à ce que son vrai et plus ancien nom a vieilli et perdu sa signification intime dans la langue locale, et que l'idée moins que prosaïque de *tripe* s'est présentée seule à l'instinct étymologique du public pour le satisfaire. M. Affre, notre savant archiviste, nous a appris que cette forme corrompue, *Tripadou*, a succédé à la forme *Trepador* (prononcez comme le français *trépadour* ou *trépadou*) qui se rencontre invariablement dans nos documents en langue d'oc. *Trepador* d'un verbe *trepar*, qui a le sens de jouer, folatrer (*ludere pedibus*, traduit H. Faidit dans son *Donatus provincialis*), signifiait place des jeux. La forme bas-latine de ce mot est *trepatorium*. La même expression servait à désigner le palier de l'escalier extérieur des maisons rurales dans le langage de quelques vieillards que j'ai connus autrefois ; et *trepar* aussi était alors employé avec la signification donnée ci-dessus. Mais de nos jours ces termes sont tombés en désuétude, on ne les dit plus, et ceux qui les comprennent encore sont rares.

Les mots *treva*, revenant, et *trevar*, hanter, qui sont encore en usage, tendent à usurper la place de *trepa*, jeu, et de *trepar*, jouer par suite de méprise paronymique. Ainsi, pour exprimer qu'un tenon a du jeu dans sa mortaise, nos ouvriers disent abusivement *treva* ou *a de treva*,

Le *Donat provençal* nous permet de restituer sa vraie
forme à un autre mot encore d'un grand usage chez nos
paysans, le nom du repas qu'ils prennent vers 4 heures
du soir. Ce mot a été défiguré par la paronymie comme
les précédents. *Vesperti* (*vespertinus*, du soir) a échangé
son *v* pour *d*, lorsque *vespre* et *vesprada*, employés autrefois concurremment avec *ser*, se sont retirés tous deux en
faveur de ce dernier synonyme ; jusque-là, l'explication
du mot *vesperti* pouvait se trouver dans ses deux congénères ; ceux-ci disparus, on a cherché cette interprétation
dans *despartir*, partager, et le légitime *vesperti* a été
dépossédé par l'usurpateur *desparti*.

Nous devons encore à M. Affre la correction du mot
Embergue, que la prononciation patoise, toute dégénérée
qu'elle est, n'autorisait pas entièrement. L'E initial, au
lieu d'A, est une pure fantaisie orthographique. Mais ce
sont les épithètes distinctives que les habitants de Rodez
appliquent à nos deux rues auvergnates (*arvernicæ*, faisant
auverngas dans le vieux ruthénois) qui me fourniront ici
le sujet de quelques observations critiques. On distingue
les deux Embergues en *droite* et *gauche* quand on s'exprime
en français ; mais ces deux désignations opposées, qui
semblent avoir trait à la situation des deux rues par
rapport au passant placé en face d'elles dans le carrefour
où elles aboutissent toutes deux, traduisent à faux les
adjectifs rouergats qu'on a entendu leur faire exprimer :
dans le cas dont il s'agit, ce n'est point *gaucha* ou *esquerra*
qui fait antithèse à *drecha*, mais bien *guerlha*, et le sens
de ce mot, comme on sait, comporte l'idée de tortueux,
qui est bien incontestablement la qualité distinctive de
celle des deux Embergues à laquelle a été attachée cette
étiquette.

Camonil, nom d'un des faubourgs de Rodez, est une
mauvaise audition de *Cambonil*, inscrit sur le plan du
xvᵉ siècle (rectification de M. Affre), et qui confère l'idée
d'un petit *cambon*. Que signifiait ce dernier mot, disparu
aujourd'hui de la langue commune, mais porté comme
nom propre par une foule de hameaux et de parcelles?
Mot à mot, c'est *champ bon*. Désignait-il le bon champ,

le meilleur champ d'une propriété? J'incline à le croire.
Dans le roman de *Flamenca*, on rencontre *cambon* employé pour champ clos, dans le récit d'un tournoi.

Puechcamp, nom d'un hameau près de Rodez, est une
faute du même genre : *Puech-calm* est le vrai mot.

Et, à ce propos, qu'est-ce qu'une *calm ? Planities sine
herba*, nous répond Huc Faidit dans le latin de son *Donat
provençal.*

V

Nous allons donner ici quelques analyses étymologiques qui devaient figurer dans la première partie de ce
travail.

Cros, comme nom propre de lieu, est très répandu dans
notre département et aussi dans beaucoup d'autres. Ce
mot existe dans l'ancien vocabulaire de la langue d'oc,
mais non pas avec le sens d'un *creux*, comme on l'interprète ordinairement. Le terme provençal qui rend cette
dernière idée n'est pas *cros*, mais CROT. Celui-ci est un
radical et celui-là en est un dérivé qui ajoute au sens
fondamental celui de collectivité. CROT, en bas-latin *crotum*, trou, creux, engendre *cros* par *crotium*, qui désigne
une réunion de trous, un lieu à trous. De quelle espèce
de trous s'agissait-il? Entendait-on désigner par là ces
dépressions naturelles du sol en forme de cuvette qui
s'observent sur nos plateaux calcaires et sont dus à l'effondrement de grottes souterraines? Probablement non, car
l'appellation de *Cros*, comme nom propre de lieu, n'est
point particulière aux Causses et se rencontre aussi dans
le Ségalar. Etait-il fait allusion à quelques excavations
artificielles destinées à certaine exploitation du sous-sol?
Je l'ignore, mais un examen comparatif des différentes
localités portant cette dénomination nous donnerait probablement le mot de l'énigme.

A côté de *Cros* on rencontre, mais plus rarement,
Crose (*Crosa*), qui en est le féminin, et répond au bas-latin *Crotia*; on rencontre surtout son diminutif *Crouzet*
(*Croset*), qui s'offre sous un grand nombre d'exemplaires.
La même racine n'existerait-elle pas dans *Cruéjouls*, qui

serait une syncope d'un possible *crosuejol* ou *crotuejol*, de même que *Bruéjouls*, qui a pour voisin *Brocuéjouls*, nous a paru être une syncope de ce dernier?

Brousse (*Brossa*, par *o estrech*), autre nom propre de lieu très répandu, et dont l'emploi comme nom commun, avec le sens de broussaille, existe encore, est un autre problème étymologique très-intéressant, mais très-difficile.

Ce mot est à n'en pas douter de la catégorie des collectifs botaniques dont il a été longuement question ci-dessus (voir p. 24) qui se sont formés dans le latin gallo-romain au moyen du suffixe IUM ajouté au nom du végétal, ou plutôt à sa partie radicale. Reste à déterminer ce radical dans le cas qui nous occupe.

Trois mots se disputent notre choix : BROC, BRUC et BROT. Ce sont trois substantifs faisant encore partie de notre vocabulaire indigène, et présentant tous les signes d'une grande ancienneté. On peut distinguer deux éléments dans leur formation, une racine fondamentale, BR, qui leur est commune, et les traces des suffixes adjectifs gaulois OC, AC et AT, dont il ne serait resté que la consonne caractéristique.

La signification première attachée à cette racine, BR, est celle de saillie, de pointe, de germe, de pousse, de bourgeon et d'épine, autant d'aperçus divers d'une même idée. BR se rencontre avec cette signification fondamentale dans le verbe grec βρύειν, germer, et dans le latin *brocchus*, dent saillante. L'irlandais a *brog*, piquer, et le gallois a *brwg*, buisson ; dans le bas-breton on trouve *bruk*, bruyère, et encore *broud*, « pointe, bout piquant et aigu de quelque chose que ce soit » (LEGONIDEC) ; le vieux haut-allemand fournit *broz*, bourgeon.

BROC, BRUC et BROT seraient ainsi des dérivés de forme adjective et quasi-synonymes servant primitivement de qualificatifs à ce qui est pointu, épineux, bourgeonneux, en état de germination, et consécutivement prenant une valeur substantive, soit pour revenir simplement à l'acception du radical lui-même, soit pour arriver par extension graduelle à celle d'un assemblage, et finir par signifier rameau, buisson, touffe de bruyère ou d'ajonc, broussaille, hallier et bois.

Broc n'existe plus dans le provençal et dans le français que sous sa forme féminine : *broca*, pour le premier, *broche*, pour le second ; mais ces deux mots, étymologiquement homonymes, sont loin d'être de vrais synonymes ; ils ont reçu dans ces deux langues des applications spécialisées qui, bien que procédant d'une même signification originelle, diffèrent cependant beaucoup l'une de l'autre. *Broca* a, dans notre rouergat, un sens limité et assez homogène, celui de rameau *coupé*, ou de branche d'arbre *desséchée*, qu'elle soit détachée ou non de sa tige. Ce mot ne sert chez nous, aujourd'hui du moins, à aucun autre usage. Les Italiens, qui l'écrivent *brocca*, lui donnent à peu près la même valeur. Dans les plus anciens documents de la langue d'oïl, *broche* s'applique à toute espèce de pointes et de piquants, et ce n'est que plus tard qu'il arrive à désigner tout particulièrement l'instrument de cuisine que nous connaissons tous.

La nomenclature topographique du Rouergue nous offre le radical BROC, d'une manière très apparente, dans plusieurs noms, notamment dans *Brocuéjouls* et dans *Broquiers*, abusivement écrit *Broquiès* (voir Dardé). Le premier de ces deux noms de localité devait se latiniser en *Brocoiolum*, suivant ce qui a été déjà dit au sujet de la désinence *uejol* (voir ci-dessus, p. 26), et la latinisation du second ne peut faire de doute, c'est *Brocarium*. Le sens que comporte BROC dans ces deux dérivés est, d'après toutes les probabilités, une allusion à la nature buissonneuse ou broussailleuse des lieux dits. La géographie ancienne nous offre *Brocomagus*, aujourd'hui Bromath, en Alsace.

BRUC est le chef de toute une famille de mots qui servent de noms propres à de nombreuses localités et qui en même temps appartiennent encore, pour la plupart, au vocabulaire commun : *Burc*, *Burg* et *Burq*, pour *Bruc*, noms de lieu ; les augmentatifs *brugas* et *burgas* ; les collectifs *bruguieyra* et *burguieira* ; *La Brucatière* et le composé *Burgaland*, nom de lieux (voir Dardé); etc. On trouve dans Grégoire de Tours une *Burconiam sylvam* (*Hist. Franc.*, l. II, 40), et Frédégaire mentionne de son côté une *Brucariacum villam* (*Append.*, sive l. XI, 36).

Il est à observer que le radical BRU subit en rouergat la métathèse de BUR dans tous ses dérivés sur toute la portion nord et centrale du département.

Le bas-breton *brug* désigne spécialement l'espèce de plante appelée en français *bruyère* (homonyme français du prov. *bruguieira*), mais le kymrique *brwg*, qui est absolument le même mot écrit à l'anglaise, a l'acception générale de buisson.

BROT, en français *brout*, et son diminutif *brotó*, sont encore usités dans notre patois avec le sens de bourgeon, et le vocabulaire rouergat possède en outre leurs dérivés *brota*, *brotilh*, *brotuola*, *brotar* et *brotonar*. Le dictionnaire de la topographie aveyronnaise nous offre, en outre, ce radical dans les noms propres suivants : *La Broutie* (*Brotia*), *La Broutière* (*Brotieira*), *Brouzès* (*Bròzes*). Dans le *Dictionnaire topographique du Gard*, nous trouvons *Brouzet* transcrit par *Brodetum* dans un acte latin du xᵉ siècle.

Le collectif latin en *ium* de chacune des trois formes radicales BROC, BRUC et BROT peut, d'après les lois de transformation phonétique, donner le prov. *brossa* par *brocium*, *brucium* ou *brotium*. Mais lequel des trois est la vraie souche de notre dérivé?

L'hypothèse de *brocium* a contre elle cette circonstance que l'*o* du pr. *brossa* est fermé (*estrech*), c'est-à-dire correspondant à l'*ou* français ; car la loi est que l'*o* tonique latin donne en prov. un *o* ouvert (*larc*), correspondant à *o* en français. Cependant la règle n'est pas sans exception, témoin le suffixe lat. *osus*, *a*, donnant en prov. *os*, *osa* avec *o* fermé.

Brucium, *ia*, qui régulièrement devrait faire *brus*, *brusa* ou *brussa*, peut aussi, suivant une exception qui le dispute à la règle, faire *brossa* (par *o* fermé), à l'instar de *crux* faisant en prov. *cros*, avec *o* fermé, et, qui plus est, *crossa*, béquille (par le lat. *crucia*) avec *o* ouvert.

L'*u* des mots latins *cursus*, *surdus*, *ursus*, *bursa* et d'une

foule d'autres, se change en *o* fermé dans leurs métaphonies provençales, faisant *cors, sord, ors, borsa*. Ainsi rien
ne s'oppose du côté de la phonologie à ce que *brossa* procède de *brucium*. Et du côté de l'idéologie, il n'y a pas
non plus de difficulté sérieuse à cette dérivation, car s'il
paraît avéré que BRUC désigne uniquement la bruyère,
tant en provençal qu'en b   -breton, il est à considérer
que ce nom s'étend à tou   s buissons dans un dialecte
celtique très-voisin, le gallois, et que chez les Gallo-
Romains il pourrait bien avoir possédé cette acception
générale.

Brotium peut phonologiquement donner *brossa* sous les
réserves faites à propos de *brocium* quant à l'équivalence
provençale de l'*o* tonique latin. Mais le radical BROT est-il
celtique ? N'est-il pas plutôt germanique ? Le bas-breton,
il est vrai, nous donne *broud*, dont nous avons fait connaître le sens tout à l'heure, mais l'ancien haut allemand
ayant *broz* avec le sens précis de bourgeon, et le *z* de ce
dialecte teutonique correspondant à *t* dans le bas-allemand
(voir ci-dessus, p. 9), qui était l'idiome des premières
invasions, BROT pourrait bien ne dater chez nous que des
temps mérovingiens, et dans ce cas il n'aurait pu fournir
brotium, la forme de ce dérivé, comme nous l'avons vu
ailleurs (voir ci-dessus, p. 34), n'appartenant qu'à la
période gallo-romaine. Cette présomption paraît recevoir
une confirmation du nom de lieu La Broutie (*Brotia*) dont
la désinence barbare ne fut pas introduite chez nous avant
le VIIe siècle. Telles sont les considérations qui militent
contre l'hypothèse de *brotium*.

Dans tous les cas, que *brossa* ait pour origine un collectif en *cium* ou *tium* est rendu encore plus probable par
l'existence ancienne d'une forme masculine *bros* que nous
trouvons impliquée dans le diminutif *Broussol* (*Brossòl*),
nom d'un village aveyronnais.

Ajoutons, pour dire tout ce que nous savons sur *brossa*,
que cette forme jugée par nous collective a produit elle-
même un collectif dans *brossier*, bois de broussailles,
expression qui revient souvent dans nos vieux cadastres
rouergats.

L'onomastique du Rouergue et son vocabulaire commun présentent encore la racine BR dans plusieurs dérivés sur lesquels il nous semble à propos de nous arrêter un moment.

Il a été déjà question plus haut des deux thèmes du provençal rouergat *bruelh* et *bruejol*, dont *breuil* constitue en français l'équivalent commun. Dans l'analyse phonologique que nous en avons faite, il s'est glissé une inexactitude qui sera rectifiée ci-après.

Ces deux mots, dont la signification avérée ou probable contient une idée de végétation, sont-ils formés sur le radical BROC, ou sur BRUC, ou bien sur BROT? car la question peut se poser ici comme pour *brossa*. Tout d'abord BROC semble devoir l'emporter par la considération que cette racine se rencontre dans la forme latine la plus ancienne d'un grand nombre de *Breuil* français. Je ne connais pas l'histoire paléographique de nos *Bruel* et *Bruejol* du Midi; j'ai pu seulement constater dans le *Dictionnaire topographique du Gard*, déjà cité, que deux localités de ce département, inscrites sous le vocable de *Bruel*, figurent sous le nom de *Brolium* dans des actes latins des XIIᵉ et XIIIᵉ siècles. Mais il ne faut pas oublier que les noms latins de cette époque ne sont pour la plupart qu'une version du roman, le plus souvent grossièrement fautive, et ne reproduisant qu'accidentellement la vraie forme latine primitive qui avait servi de moule à la forme romane elle-même. Toutefois, que notre mot *bruelh* ait BROC, BRUC ou BROT pour radical, un point est certain, c'est que, contrairement à ce qui a été avancé dans une autre partie de ce travail (voir ci-dessus, p. 29), cette forme provençale ne saurait, différant en cela de la forme française *breuil*, descendre d'un primitif latin en IÓLUS.

En effet, d'après les lois de la métaphonie ou métamorphose des sons ayant présidé à la formation de notre idiome, deux désinences latines seulement pouvaient produire la désinence rouergate UELH : ce sont OCULUS et OLIUS, tandis que EOLUS ou IOLUS donne exclusivement à la langue d'oc OL, IOL ou UOL, suivant les dialectes. *Bruelh* suppose donc dès-lors comme type latin originel, soit :

1° *Broculus* (donnant en même temps prov. *bruelh* et fr. *breuil*, comme *oculus* et *torculum* donnent provençal *uelh*, *truelh*, et français *œil*, *treuil*) qui trancherait le débat en faveur du radical BROC ou même, à la rigueur, du radical BRUC;

Soit :

2° *Brocolius*, ou *brolius* (pouvant se transformer en *bruelh* et *breuil* de la même façon que *folium*, *lolium*, *solium* deviennent en provençal ou en français : *fuelh*, *juelh*, *suelh*; *feuille*, *seuil*), qui ne répugnerait à aucune des trois racines BROC, BRUC, BROT, auxquelles une élision, en pareil cas très-ordinaire, pourrait avoir fait perdre la consonne et la voyelle qui leur manqueraient dans ce dérivé.

Mais la dérivation de *brolius* pourrait s'expliquer encore par un composé plus simple de la racine BR, par exemple par une forme BROÜS, qui est loin d'être improbable, dont les Gallo-Romains auraient tiré un diminutif barbare *brolius* par inversion de *briolus*.

L'italien a deux formes pour *breuil* : *broglio* et *bruolo*. La première répondrait à notre hypothétique *brolius*, et la seconde à *briolus*, duquel, nous le répétons, notre *bruelh* ne saurait être issu, mais qui pourrait fort bien avoir été usité dans la *lingua rustica* concurremment avec sa corruption barbare.

On ne peut sans doute contester la présence originelle du radical BROC dans les *Breuil* qui se rencontrent dans les plus anciens textes sous la forme de *Brocoialum* (voir J. Quicherat, *De la formation française des anciens noms de lieux*, Paris, 1867, page 51); ici assurément *broc* tout entier est radical, comme dans *Brocomagus*, comme dans nos *Brocuéjouls* et *Broquiers*. Zeuss et M. Littré se trompent incontestablement quand ils croient retrouver le *c* de cette racine transformé en *g* dans la forme, propre au VII° siècle, de *Brogilus*. Ce mot est ainsi décomposé par les deux illustres savants : *brog—il—us*. Et, cela fait, ils font de *brog* un radical qu'ils attribuent au celtique (où un semblable mot existe en effet, nous l'avons vu), et voient dans *il* un suffixe du vieil allemand (voir Littré,

Dict. de la langue française, article BREUIL). Mais il est de toute évidence que le *g* de *Brogilus* ne joue pas dans ce mot d'autre rôle que dans les mots à terminaison semblable, mais de radical différent, tels que *Altogilus*, Auteuil; *Nantogilus*, Nanteuil; *Bonogelum*, Bonneuil, etc., etc., où il fait partie du suffixe, sans contredit. Il existe d'ailleurs un autre nom bas-latin en *gilus* qui aurait dû suffire pour préserver les deux célèbres philologues de leur méprise; c'est le mot *Brocogilus* (J. Quicherat, *op. cit.*, p. 51), où le *c* de l'élément BROC co-existe avec son prétendu équivalent *g* de l'élément *gilus*. (Voir pour la dérivation de *gilus* ce qui en a été dit ci-dessus, p. 29). On ne peut donc argüer du *g* de *Brogilus* contre l'hypothèse qui ferait venir *breuil*, *dans certains cas particuliers*, nom du primitif *brocus*, mais d'un autre primitif plus simple que nous supposons être *broüs*.

C'est à ce *broüs* que nous ne croyons pas pouvoir éviter de rattacher le mot rouergat *bruelh* ayant le sens de germe (et produisant le verbe *brolhar*, germer), qui n'est qu'un homonyme, mais non un synonyme, du *bruelh* des noms de lieu, signifiant breuil.

Ce prétendu primitif *broüs* (ou, pour être plus exact, un mot formé de la racine BR, de la désinence casuelle, et d'une voyelle de liaison quelconque), qui nous paraît inévitable pour expliquer certains dérivés, n'aurait-il pas laissé quelque trace comme terme indépendant dans les langues romanes? Notre rouergat l'a conservé je crois tout entier, mais retourné, dans son mot *bòrre* (par *o* fermé), bourgeon de vigne, dans lequel nous sommes autorisés par l'exemple de *bruc* se changeant en *burc* (voir ci-dessus, p. 80) à voir une semblable métathèse de *broüs* devenant *borrus*.

Le français *bourgeon* est sans nul doute de la même souche que notre *borre*.

Notons en passant, pour l'édification des linguistes mythologues, que *borre*, surtout dans son dérivé *borrò* (l'analogue de *brotò*, dérivé de *brot*), est un vocable en très grand respect chez nos vignerons du vignoble fameux de Marcillac, et à telles enseignes qu'ils l'ont canonisé, ni plus ni moins, et que le clergé du lieu, se prêtant avec une tolérance traditionnelle, jugée sans danger, à une antique coutume, certainement d'origine païenne, célèbre une fois l'an une messe solennelle en l'honneur de san Borrò, autrement dit, saint Bourgeon (1).

Notre idiome du Rouergue ajoute encore un terme à la série nombreuse des dérivés de br, et ce mot mérite de nous arrêter un moment, parce que, non seulement il apporte un élément de plus à l'étude de cette racine intéressante, mais parce qu'en outre il nous révèle peut-être une nouvelle modification barbare des suffixes latins, à ajouter à celles que nous avons déjà signalées, et qui permettrait d'expliquer la formation de toute une catégorie de mots analogues.

L'expression rouergate dont nous voulons parler est *bruech*, nom commun par lequel nos fourniers de village ou de ferme désignent la perche crochue qui leur sert à retirer le pain du four et à en faire tomber la braise et les cendres au dehors. Les rapports de son et de signification de ce mot le rattachent sans contredit à la même souche étymologique que *borre*, *bruc*, *broca*, *brot*, *brossa*, *bruelh*, etc. Etudions maintenant sa désinence.

Les désinences latines *octus*, *odius* et *oius* peuvent seules fournir la terminaison provençale *uech*, mais il n'y a que la dernière qui soit applicable au cas présent. *Bruech* viendrait alors, croyons-nous, d'une forme gallo-romaine br—*oius* pour br—*ius*, dérivation adjective de brot, rroc, etc.

(1) Une autre coutume païenne tolérée par l'église a été en vigueur sur nos montagnes d'Aubrac jusque dans ces dernières années. C'est la fête du lac de Saint-Andéol décrite par Grégoire de Tours (*Glor. confess.*, 2) dans un tableau saisissant dont on aurait cru voir encore l'original, au dire de témoins qui nous en ont fait le récit, dans le grand concours de pèlerins qui se pressaient autour du lac sacré, dans les scènes bachiques, les immersions de malades et les oblations sous forme de pièces de monnaie et autres objets plus ou moins précieux déposés dans le sein de cette eau profonde, qu'on pouvait contempler annuellement en ces lieux sauvages, le jour de la *sainte Épine*, quand la police mit fin, une fois pour toutes, à ces pratiques séculaires pour empêcher le retour de rixes sanglantes auxquelles elles donnaient invariablement lieu.

Nantuech, dérivé de NANT, vallée, qui se rencontre plusieurs fois dans la liste de nos noms de lieux aveyronnais, devrait pareillement se traduire par *Nantoius* = *nantius*, de la vallée.

Lantuech et *Lantuéjouls* (voir Dardé) forment sur le radical LANT (1), lande, un précieux doublet qui nous montre en concurrence les deux suffixes gallo-romains OIUS et OIOLUS, les formes latines barbares d'où ces deux noms dûrent naître ayant été, pensons-nous, *Lantoius* et *Lantoiolus*.

Ainsi nos trois types de noms aveyronnais en UELH, UECH et UEJOL accuseraient l'existence de trois suffixes latins barbarisés dans le milieu gaulois. Cette barbarisation est elle-même aisément explicable. *Olius*, d'où *uelh*, est une simple inversion de *eolus* ou *iolus* (comme dans *capreolus* et *filiolus*); quant à OIUS et OIOLUS, donnant respectivement UECH (= UEJ) et UEJOL, quelques détails sont nécessaires pour en faire bien comprendre la genèse.

La barbarie gauloise, imitée plus tard en cela par la barbarie germaine (voir ci-dessus, p. 34), ne traita pas les formes latines IOLUS, EOLUS, et RUS, IUS, comme des suffixes, mais comme des mots entiers qui, entrant en composition avec des substantifs ou des adjectifs, devaient être réunis à ceux-ci au moyen de la voyelle de liaison Ô que les Gaulois voyaient intervenir presque toujours dans la latinisation de tous leurs noms composés, par exemple dans *Argent—o—durum*, *Carent—o—magus*, *Seg—o—dunum*, *Vercinget—o—rix*, etc. Sous l'influence de cette observation, au lieu d'appuyer immédiatement le suffixe latin sur son radical, ils y interposèrent l'O connectif des vrais composés, et de là O—IUS et O—IOLUS, se romanisant progressivement en OCH (=OJ) et UECH (=UEJ) et en OJOL et UEJOL.

Avant de clore cette longue note sur la racine BR, ajou-

(1) «.... *lann* (= *land* per *lannam*, per *landam*) chart. Rhed. 1, 39, 41, *lan* in nominibus locorum, chart. Landev. : *Lanloehan. Lanhoiarnuc. Lantewennuc* (Landevenec) ap. Cours. I, 422, 423. » Zeuss, *Gram. celt.* 2e édit., p. 147.

tons que celle-ci se rencontre encore , du moins pour le son, c'est-à-dire en apparence, sinon en réalité, dans le mot *broa*, qui dans notre rouergat signifie bord dans le sens d'extrémité d'une surface quelconque. C'est ainsi qu'on dit *a la broa de l'aiga*, *a la broa d'un cami;* et nous avons en outre le verbe *abroar* signifiant approcher du bord. Qui sait si ce mot français, *bord*, dans le sens de limite, n'est pas de la même famille étymologique que notre *broa*, et si ce n'est pas par une fausse assimilation avec le *bord* celtique et germanique voulant dire planche, table et navire, qu'il aurait été confondu avec ce dernier terme et en aurait pris le *d* final ?

Pour ce qui est de notre *broa*, nous croyons qu'il y a quelques raisons de penser que ce mot a pris par métonymie le sens général de bord, et qu'à l'origine il avait le sens restreint de haie, limite matérielle ou bordure d'un champ, d'un pré.

Cette conclusion nous semble fortement autorisée par le dérivé *broal*, qui s'applique dans notre idiome à un reste de haie épaissie, avec arbres, arbustes, buissons et ronces, se rencontrant sur la limite d'une pièce de terre ou sur un tertre. Et une autre observation qui vient à l'appui de la précédente, c'est que le mot *broa* (improprement francisé en *Bro*, dans notre département, mais plus régulièrement écrit *Broue* dans la topographie des départements voisins) est d'un grand emploi comme nom propre de localités rurales. On comprend qu'un village, un hameau, une ferme puissent tirer leur appellation d'une circonstance locale telle qu'une haie, tandis qu'on cherchera vainement dans la plupart des cas quel bord, quelle espèce de bord constitue un caractère topographique assez saillant, assez remarquable, pour avoir servi à désigner la localité. Cependant il conviendrait de rechercher si les lieux portant cette dénomination ne sont pas situés sur le bord d'un de ces abîmes, d'une de ces gorges profondes, de ces hautes falaises où viennent sur tant de points se terminer nos plateaux et qui impriment au site leur cachet imposant. Le domaine de La B[..]e (je corrige l'orthographe), près de Rodez, la seule des localités de ce nom qui me soit physiquement connue, n'est pas toutefois dans de telles conditions.

N'omettons pas de mentionner que la langue erse ou celtique de l'Ecosse a le mot *bruach*, qui veut dire « bord, frontière, contrée » (Belloguet, *Gloss. gaul.*, 2ᵉ édit., p. 128), et qui peut-être n'est apparenté que pour la forme à la racine BR de nos *Bruel*, *Brousse*, *Bruguière*, etc.

Terminons sur ce sujet en signalant comme pouvant être alliés aux mots qui précèdent les adjectifs suivants, qui ont le sens de cassant (comme un bourgeon?): *breudenc*, *breusenc*, *brolhenc*, *brote* (avec o fermé), *broste*, *brate*, *breule*.

VI

Les verbes composés ayant une préposition pour préfixe sont très nombreux dans notre rouergat, et il en est beaucoup dans le nombre qui offrent un grand intérêt en ce qu'ils renferment comme radicaux de vieux noms aujourd'hui hors d'usage comme termes indépendants et dont le sens primitif et l'origine sont des problèmes à résoudre.

Pour faire l'étude étymologique de ces sortes de mots, il faut commencer par se mettre en garde contre plusieurs causes de difficulté et d'erreur. Le substantif qui entre comme radical dans les verbes composés à préposition extractive, exclusive, suppressive (DE, DES, ES = Lat. DE DIS, EX), représente sans doute le plus souvent le contenu extrait ou la partie retranchée, comme par exemple dans le français *ébrancher*, qui se dit de l'arbre que l'on dépouille de ses branches; mais la fonction du radical dans la signification du verbe est autre dans certains cas : il peut désigner le tout et le contenant, comme dans *éventrer*, extraire (les entrailles) du ventre; ou bien encore l'instrument, l'agent intermédiaire au moyen duquel s'opère l'extraction, comme dans notre *esaurar*, signifiant littéralement extraire (l'eau de végétation du foin) par l'action de l'air, *aura*; et encore notre *essagar* (très probablement d'un verbe latin *exaquare*), rouir, expression implicite de l'opération qui consiste à extraire des plantes textiles, au moyen de l'eau, eau des pluies ou de la rosée, la substance gommo-gélatineuse qui agglutine leurs fibres. Un autre exemple de cette catégorie nous est offert dans le français *élaborer*, dont le sens analytique est éliminer les impuretés (d'une substance) ou les imperfections (d'un ouvrage) au moyen d'un travail , *labor*.

Il faut enfin se prémunir contre le danger de prendre pour une particule prépositive une syllabe semblable faisant partie du radical. Comme exemple des verbes pouvant donner lieu à une telle méprise, citons, en français, *étrangler*, en provençal, *estranglar*, du latin *strangulare*. Le prov. *estacar*, attacher, du vieux haut allemand *staca* (voir Littré au mot *tache*), en anglais *stake*, poteau , est encore dans le même cas.

Voici un spécimen des verbes à préfixe vrai, ou à forme de préfixe, que le rouergat peut offrir comme énigmes à la sagacité des philologues : *Acaxar* (*acapsar ?*), ajuster, se disant particulièrement d'un faisceau dont on égalise bien les tiges, verges ou brins , qu'on dispose de manière à ce qu'ils se terminent tous à chaque bout dans un même plan ; — *aclapar* (métathèse de *accablar ?*), abattre, fouler ; — *aclatar*, baisser (les oreilles); *s'aclatar*, se baisser, s'effacer à terre pour se dérober à la vue d'un ennemi, en parlant des animaux ; — *acocolar* (*s'*), s'accroupir; — *acompelir*, abattre, accabler ; — *amachelar*, mettre en bouchons ou flocons, en parlant de la laine, du foin, etc.; — *achepar*, rendre collantes et faire adhérer entre elles les particules sèches et libres d'une masse quelconque, comme de la farine ; — *apevar* ou *apebar*, prendre pied, appuyer le pied par terre ; — *aponelar*, mot employé par les charrons pour exprimer l'action de rapporter un bout, un morceau à un instrument endommagé ; — *assucar* (de *suca*, tête?), assommer; — *deboselar* (*se*), se démolir, crouler ; — *enaurelar* (*s'*), prendre la mouche, se fâcher brusquement ; — *embaurar* (de *baur*, abîme ?), effrayer; — *embelir*, noyer dans le mortier (une pierre), t. de maçon; enfoncer, recouvrir; — *encalrar* (*s'*) (pour *encalorar?*), se mettre en train de bien chauffer ou de bien brûler, suivant qu'on parle d'un four ou d'un feu ; — *embonnar* (*s'*), se défoncer, en parlant d'une route ; s'ébouler ; — *escantir*, éteindre ; — *escafalar* (*s'*), éclater de rire ; — *esclafar*, écraser ; — *escalcir*, tremper la soupe ; — *escar-*

7

raunkar, égratigner, lacérer; — *espadelar* (s'), tomber en glissant et les membres écartés; — *esquissar* (s'), faire des efforts dans l'acte de la défécation (*Conf.* l'anglais *to squeeze*); — *essagar*, rouir; — *estorrar*, égoutter; — *esfalenar* (s'), se mettre hors d'haleine par la course; — *subrecaupir* ou *subrecoupir*, accabler, circonvenir, subjuguer.

VII

Le rouergat possède toutes les formes diminutives et péjoratives de dérivation qui s'observent aujourd'hui dans les divers patois de la langue d'oc et qui ne distinguent ces derniers du provençal littéraire que parce que celui-ci s'en interdisait l'usage pour le réserver au langage parlé ou populaire.

Nos suffixes diminutifs sont : EL ; ET ; I pour IN ; ILH ; O pour ON ; OL ; OLI pour OLIN ; OT ; USS.

La troisième, la quatrième et la sixième de ces formes sont tombées en désuétude ; elles ne sont plus *articulées* aux radicaux comme les suffixes vrais, mais elles y sont *soudées, ankylosées*, et ne se rencontrent plus guère que dans des mots ayant toute la valeur de primitifs et dont la signification originelle de dérivés diminutifs est oblitérée.

Nous rencontrons I (= lat. INUS) plusieurs fois dans la nomenclature topographique du pays, notamment dans le nom d'un célèbre domaine rural du canton de Layssac, *Les Bourines* (*Las Borinas*, diminutif de *borias*, métairies), et dans *les Pradines* (*las Pradinas*, dim. de *pradas*), c'est-à-dire les petites prairies, appellation par laquelle on désigne une longue file de petits prés marécageux qui s'étend dans un pli de terrain du causse de Sainte-Radegonde entre ce village et ma ferme d'Arsac. J'observe le même suffixe associé à la particule fréquentative EJ dans le verbe *plovinejar*, bruiner, dérivé de *ploure*, pleuvoir.

Nous retrouvons ILH (= lat. *i*—CULUS) dans les *Costilles* (*Las Costilhas*, les petites côtes), nom topographique; dans *dosilh*, formé de *dose*, source, et ayant dû signifier à l'origine petite source, mais ne servant aujourd'hui qu'à désigner le fausset d'un tonneau, sans doute par métonymie, après avoir désigné le jet du liquide dont le fausset empêche la sortie ; *montilh*, monticule ; *pontilh*, chantier de cave, originairement petit pont, d'après toute probabilité.

La particule OL (= lat. OLUS) entre dans la composition d'une multitude d'anciens diminutifs qui ont acquis toute la valeur de primitifs. Tels sont *bestuola*, pour *bestiola*, bestiole ; *brotuola*, pour *brotiola*, littéralement petit bouton (d'arbre), mais employé seulement dans le sens de bouton de peau ; *cabrol*, chevreuil, ayant rendu d'abord l'idée de petite chèvre, mais venant très-probablement du latin *capreolus* d'une manière directe ; *carruol*, pour *carriol*, brouette, de *carri*, char.

La forme USS ne se montre jamais autrement qu'en composition avec d'autres suffixes, soit diminutifs, soit augmentatifs, et les précédant toujours. Exemples : *canhussò*, tout petit chien, et *canhussas*, intraduisible.

Toutes les formes diminutives peuvent se grouper, soit par deux, soit par trois, soit en plus grand nombre, soit toutes ensemble. Ce n'est pas tout : ces séries de suffixes sont susceptibles de se redoubler, de s'ajouter indéfiniment à elles-mêmes, pour former des diminutifs composés d'une puissance progressive sans limite.

Le mot suivant nous offre la réunion de tous les suffixes diminutifs d'un usage courant : *canh—uss—on—el—ot—et*.

Dans ces diminutifs composés, l'ordre dans lequel les suffixes composants se succèdent a sa règle : o(n) peut indifféremment précéder ou suivre, soit EL, soit ET ; il n'est jamais placé immédiatement avant OT, et ne vient immédiatement après que rarement. Ce dernier termine ordinairement les séries dont il fait partie. J'ai dit que USS ne se présente jamais seul ; il faut ajouter que cette particule, d'un usage rare d'ailleurs, est toujours la première dans les diminutifs composés où elle entre.

Nous ne possédons qu'une forme augmentative et péjorative, ASS, mais elle a la faculté de se redoubler ; ainsi de *ca(nh)* on fait *canhas*, et de celui-ci on peut tirer encore *canhassas*.

Les composés hybrides de diminutif et d'augmentatif sont d'un usage commun. Ceux-ci peuvent se précéder ou se suivre, mais l'idée rendue par le composé diffère de nuance suivant les deux différents cas : *canhonas* rend l'idée d'une *déplaisante vilaine petite* bête ; *canhassò* désigne un *vilain petit* animal *chéri*.

Toutes les formes diminutives ne s'appliquent pas indifféremment à tous les radicaux ; c'est ainsi que *prat*, pré, ne peut s'unir immédiatement qu'à la forme EL et ne peut recevoir les autres suffixes diminutifs que par son intermédiaire. On dit *pradel* et *pradelò*, ainsi que *pradelet*, mais on n'entend jamais ni *pradò* ni *pradet*. Au contraire, le même suffixe EL répugne absolument au radical *home*, tandis que ce nom s'associe très-volontiers à o et à ET : *homeno* et *homenet* se disent à tout bout de champ, et *homenel* paraîtrait insolite et ne serait même pas compris. *Camp*, champ, ne diminue que par ET, faisant *campet*, et *bria*, miette, que par OT, faisant *briota* (=*briota*).

La forme diminutive OLI, fém. OLINA, est d'un usage restreint. Un tel suffixe ne s'associe guère qu'à des adjectifs, et, quand par exception il s'ajoute à un substantif, il lui donne une valeur qualificative. Ex. : de *trempe*, mouillé, *trempoli*, un peu mouillé ; de *sec*, sec, *secoli*, un peu sec ; et de *ventre*, ventre, *ventroli*, un peu ventru. Ce suffixe est un composé de deux formes diminutives latines OLUS ou bien ULUS, et INUS, et devait faire OLINUS ou ULINUS dans le latin de la décadence. OL se rencontre seul en composition dans les mots *frejolut*, frileux, et *frejolas*, d'un froid désagréable, mais peu intense.

Il est un signe qui permet d'établir la grande ancienneté de nos diverses formes diminutives et augmentatives, contrairement à l'opinion qui se base sur leur rareté ou leur entière absence dans les monuments de la langue littéraire ; c'est la réapparition de l'*n* caduque de certains radicaux devant la voyelle initiale de ces suffixes, jusque dans des primitifs à finale atone où cette *n* est supprimée, même dans les dialectes de l'est, depuis que la langue s'écrit. *Home* de *hominem* ; *terme*, tertre, de *termiminus* ; *jove*, jeune, de *juvenis*, fléchissent au diminutif et à l'augmentatif en *homenò*, *homenet*, *homenas*; *termenel*, *termenas*; *jovenò*, *jovenet*, *jovenot*, *jovenas*. Cette restitution de l'*n* primitive ne pouvant s'expliquer ni par l'euphonie, ni par l'analogie, et encore moins par le purisme étymologique de ceux qui parlent le patois, on doit en conclure que les formes dérivées ci-dessus sont acquises à notre langage par tradition et qu'elles remontent par conséquent à l'époque (le commencement du xiᵉ siècle?) où l'*n* adhérait encore à la forme romane des primitifs latins *hominem*, *terminum*, *juvenem*, c'est-à-dire où l'on disait encore *hòmen*, *tèrmen*, *jòven*.

De même que ses noms et ses adjectifs, les verbes de notre idiome sont susceptibles de dérivation diminutive et augmentative : la première s'obtient par l'addition des suffixes uc ou ug et uss; la seconde, à l'aide du suffixe augmentatif ou péjoratif des substantifs et des adjectifs, ass. Ordinairement la particule diminutive est associée au suffixe fréquentatif ej, mais elle suit toujours immédiatement le radical. Des primitifs *machar*, macher, et *manjar*, manger, se forment *machugar*, machotter, et *manjuquejar*, mangeotter. Le primitif *pastar*, pétrir, donne *pastussejar*, tripoter.

Le verbe *plovinejar* porte la trace d'un autre suffixe diminutif in, que l'on trouve encore dans *potinar* et *potinejar*, remuer les lèvres, marmotter, de *pot*, lèvre. Un autre suffixe verbal d'un emploi rare, et qui, quant à la signification, semble participer du diminutif et du fréquentatif, est iss, qui s'observe dans *esplomissar*, plumer par places, et *trenissar*, entortiller, de *trenar*, tresser.

Le péjoratif ass n'entre dans les verbes que joint au fréquentatif ej, qu'il précède toujours. Ex. : *manjassejar*, manger d'une manière irrégulière et sans appétit; *verrassejar*, de *verrar*, littéralement, marcher de travers et en zigzag, à la manière des verrats, et, au figuré, agir sans suite et sans méthode (1). Un suffixe diminutif se montre associé au suffixe péjoratif dans le verbe *manjucassejar*.

(1) Le verbe *vacassejar* est employé à peu près dans le même sens, non toutefois d'après les allures de la vache, *vaca*, mais par allusion à l'espèce de chassé-croisé qu'exécute une bande de faucheurs quand, en

Nous devons mentionner encore une autre particule d'un usage assez étendu qui s'intercale, dans certains dérivés, entre le radical et le suffixe, diminutif ou augmentatif, sans apporter par elle-même aucune modification appréciable à la signification primitive; c'est AT, qui est peut-être une trace du suffixe adjectif gaulois dont la présence s'observe dans *Lunatès*, *Teutatès*, etc. *Riu*, rivière, ne peut recevoir son suffixe diminutif d'élection, qui est EL, autrement que par l'intermédiaire de cette particule; pareillement du mot *lob*, loup, relativement à son suffixe diminutif propre, o : le premier diminue en *rivatel;* le second, en *lobatô.*

La même particule connective se rencontre dans des dérivés de toute catégorie; par exemple, dans *gorpatas*, péjoratif de *gorp*, corbeau; dans *lebratada*, portée de hase; dans *respatieira* (de *vespa*, guêpe), guêpier. Elle s'emploie, en outre, comme suffixe adjectif s'ajoutant à certains noms de lieux pour en désigner les habitants, comme dans *Pessengat, Roquetat, Vilafrancat*, habitant de Pesseings, de la Roquette, de Villefranche; et elle sert encore à former le féminin de certains noms patronymiques, notamment de la plupart de ceux qui ont primitivement une forme féminine, tels que *Combas* (Combes), *Bessieira* (Bessière), qui fléchissent en *Bessieirata* et *Combata*, signifiant femme Bessière, femme Combes.

VIII

Nos bouches rouergates ont cessé de faire entendre l'R finale des désinences provençales AR, IR, OR, et cela depuis plusieurs siècles, comme nous l'avons fait remarquer plus haut; mais il en subsiste encore quelques traces dans notre parler actuel, à cet égard un peu moins dégradé que les divers autres patois provençaux. Chez nous, l'R sonne encore dans le nom propre *Azemar*, et dans *colar*, collier; *amar*, amér; *deber, poder, saber*, de-

terminant la coupe d'un pré, ils en découpent les dernières planches transversalement en plusieurs lambeaux appelés figurément de ce nom de *vaca*, et passent tous successivement et alternativement de l'un à l'autre.

voir, pouvoir, savoir, employés substantivement ; *azir*, haine ; *amor*, amour ; *vabor*, vapeur ; *calor*, chaleur ; *color*, couleur ; *flor*, fleur. Les mots en *aur* ont ceci de particulier que dans certains d'entre eux la diphthongue *au* se prononce comme l'*o* ou l'*au* français, et qu'alors l'ʀ finale est maintenue ; elle tombe, au contraire, dans les mots où *au* reste diphthongue. Exemples du premier cas : *aur*, *laur ;* exemples du second : *Viaur* (nom de rivière), *baur,* et quelques autres mots encore.

Le ᴛ final précédé d'une voyelle, qui est oblitéré dans la prononciation de presque tous nos voisins, sonne encore distinctement en rouergat, et il en est de même de l's finale. Ainsi toutes les lettres se prononcent dans *aimat, auzit, agut, vertat, vertut, puot, det, los païses, las montanhas,* etc.

IX

Des mots français ont été introduits dans notre rouergat à diverses époques : la prononciation qu'ils y revêtent est probablement celle qu'ils avaient en français lors de leur introduction, et ils peuvent ainsi apporter un document à l'histoire des variations de la prononciation française. Dans ce cas sont *boes*, bois ; *Fransoes*, variante francimane de *Frances*, François. Cette provençalisation de la diphthongue française *oi* n'indique-t-elle pas la manière dont elle était prononcée par les Français du xvıᵉ siècle, date probable de l'admission des mots ci-dessus dans notre langage méridional ?

Les mots français en *oi* qui se patoisent de nos jours ne sont plus prononcés *oe*, mais *oq*.

X

La matrice cadastrale nous révèle l'existence sur tout le causse de Rodez d'un grand nombre de parcelles qui portent la dénomination de *vignal.* Il est à remarquer qu'elles sont toutes situées sur le penchant d'un coteau et à l'exposition du midi. Ces indices toponymiques ne témoignent-ils pas que la vigne, qui n'est plus représentée aujourd'hui sur nos plateaux calcaires que par quelques mauvaises treilles de jardin, y possédait jadis une plus grande place, et une telle constatation n'est-elle pas intéressante pour l'histoire agricole et économique de notre pays, et peut-être aussi pour celle de son climat ?

Une question semblable peut être encore posée à propos d'une autre indication linguistique du même genre. Comme chacun le sait, les buronniers de nos montagnes aveyronnaises de Laguiole et d'Aubrac portent le titre de *Cantalès*, mot dont l'acception première est sans aucun doute celle d'habitant du Cantal, tandis que les hommes de la même profession sont désignés par le nom de vachers dans les montagnes de ce département limitrophe. Nous croyons qu'on peut conclure de cette observation que l'art de faire le fromage a été introduit chez nous par nos voisins du nord, et que la direction de nos vacheries appartenait à l'origine à des pâtres auvergnats, et que ce n'est que plus tard, lorsque ceux-ci eurent formé des élèves dans le Rouergue, qu'ils furent remplacés par nos « cantalès » indigènes.

XI

Aujourd'hui, c'est la francisation qui sert à corrompre la nature de notre idiome ; au temps de l'autonomie littéraire de la langue d'oc, ses grammairiens et littérateurs l'altéraient aussi quelquefois, mais c'était en latinisant. *San* et *sant*, pour *sanctus*, ont prévalu de bonne heure dans la langue écrite et se sont introduits aussi dans la langue parlée. Ce sont là des formes artificielles, des latinismes ; le véritable mot roman ainsi supplanté est *sanch*, régulièrement formé d'après les lois de notre métaphonie, qui fait ch du latin cr.

Cette forme *naturelle* se rencontre quelquefois dans les vieux documents rouergats, notamment dans certaines pièces citées dans les *Lettres sur l'histoire de Rodez* de M. Affre (1). Je tiens d'un vieillard de mon voisinage,

(1) Un sceau ancien de la ville de St-Affrique porte pour légende : SANCH AFFRICA.

étranger à toute préoccupation philologique, et dont le témoignage par cette raison ne peut être suspect d'invention, que dans sa jeunesse il entendait les vieilles gens qui étaient dénués de toute éducation, qui « parlaient grossier », comme il s'exprime, employer *sanch* au lieu de *sant*, et dire par exemple *lo jous sanch*, pour le jeudi saint.

C'est cette ancienne et bonne forme qui, mal comprise, a donné lieu à l'incertitude des biographes du patron et premier évêque de Rodez sur le véritable nom de ce saint personnage. On s'est demandé, en effet, s'il se nommait *Amans* ou *Chamans*. Ce doute est facile à lever ; il a son explication dans ce fait que dans les manuscrits en langue d'oc où il est fait mention de notre saint, son titre et son nom se trouvent réunis en un seul mot sous la forme de *Sanchamans*, que des transcripteurs peu familiarisés sans doute avec notre vieille langue ont décomposé en *san Chamans*, alors que le *ch* appartenait au premier élément, et qu'il eût fallu lire *sanch Amans*.

XII

Il en est du vocabulaire du Rouergue comme de sa flore, dont certaines espèces ne subsistent plus que dans un petit nombre d'individus qu'on rencontre seulement sur quelques points de la région, dans un certain bois, au bord d'un certain étang, au plus haut sommet d'une certaine montagne, et pas ailleurs. Pareillement de quelques-unes de nos espèces lexiologiques, de quelques-uns et même d'un grand nombre de nos termes patois : ces espèces rares, menacées d'une extinction prochaine, ont vu leur *habitat* se réduire par degrés jusqu'aux limites d'une paroisse, d'un hameau, d'une maison. C'est là un fait dont il importe beaucoup de tenir compte toutes les fois que, lexicographe du Rouergat, on se met en campagne pour faire son herborisation de mots.

XIII

Parmi les divers chemins détournés que prennent les expressions pour s'éloigner de leur signification première,

il en est un qui consiste en ceci : un mot ayant deux acceptions différentes, et possédant dans un autre mot un synonyme pour l'une de ces acceptions seulement, ce synonyme se voit attribuer, par une sorte de jeu, l'autre signification, qui lui est dans le fait étrangère. J'ai rencontré dernièrement dans notre patois un cas de cette espèce qui mérite d'être signalé.

Entendant les paysans, mes voisins, qualifier de *bajà* un certain individu d'un esprit un peu détraqué, et leur ayant demandé ce qu'ils entendaient par là, il me fut répondu qu'être *bajà*, c'est être fou (*fat*). Le mot était-il employé ainsi dans sa signification propre, ou bien dans un sens figuré ? Quelles relations étymologiques pouvait-on lui trouver ? Le dérivé *bajanar* s'offrait seul à mon esprit avec sa signification bien connue, qui est celle de *tremper*, pour perdre leur saveur acre ou leur salure, en parlant de certains légumes ou de la morue. Mais quel rapport peut-on concevoir entre l'idée de folie et celle de poisson salé mis à tremper ? Ces difficultés me paraissaient fort embarrassantes quand, en parcourant le glossaire provençal de Hugues Faidit, j'y fis la rencontre de mon énigmatique *bajà* : il était traduit *insipidus*.

Cette découverte rapprochait de la solution, mais nous n'y étions pas arrivé. Ma première pensée fut de rapprocher l'insipidité de l'imbécillité ; mais il fut établi après enquête que *bajà* s'appliquait, non pas aux imbécilles, mais bien aux fous.

Enfin la clef de ce petit mystère étymologique nous tomba dans la main : *baja* est synonyme de *fat* en tant que ce dernier a le sens de fade ; mais *fat* veut dire aussi fou. Eh bien, on s'était amusé à étendre la synonymie de *baja* à la deuxième acception de *fat*; mais ce qui avait commencé par n'être qu'un jeu de mots, une plaisanterie, finit par être sérieux, et tellement bien que *baja* a perdu aujourd'hui sa signification première, celle de fade, pour revêtir exclusivement celle de fou.

Il est vrai que le mot *fat* n'a plus aujourd'hui, par compensation, que la signification de *fou*; mais qu'il ait possédé autrefois celle de fade n'est pas seulement attesté par les documents de la langue littéraire, mais encore par cet autre jeu de mots en faveur parmi nous, qui roule sur le double sens de notre terme. Cherche-t-on à excuser quelqu'un pour une faute en alléguant comme circonstance atténuante une lésion de son cerveau, on vous réplique par ce calembour : *S'es fat que se faga salar.*

XIV

Les paysans des environs de Rodez ont deux cris, qui sont sans doute des restes de l'ancien état sauvage de la population.

L'un est poussé pendant la danse, à l'instant où le danseur frappe vivement du pied contre le sol et fait claquer les doigts au-dessus de sa tête ; c'est un sifflement de gorge très-perçant que j'essaierai de figurer ainsi : *hih ! hih !*

Le second cri se fait entendre les jours de fête ; on le profère en plein air et avec toute la force possible, dans l'intention d'être entendu au loin et de provoquer une réponse du même genre dans le hameau voisin ou sur la colline opposée. C'est une note de tête très-aiguë émise avec une intensité extrême et soutenue pendant une durée d'environ quatre secondes, après quoi la voix tombe en une cascade de quatre notes brèves de plus en plus graves, et de plus en plus affaiblies, que l'on prendrait pour un énorme éclat de rire précédé d'un horrible cri de douleur. J'ai entendu les Arabes crier à peu près de la même manière.

Les mots usités pour appeler les divers animaux domestiques ou pour commander les bêtes de somme ou d'attelage peuvent être des vestiges des idiomes locaux les plus anciens. Voici quelques mots de cette catégorie en usage dans les environs de Rodez ; ils seront figurés d'après l'orthographe française :

1° Cri vocatif à l'adresse des vaches et des veaux, principalement employé par les *cantalès : Catch ! catchou !*

2° *Id., id.* à l'adresse des porcs : *Tarh ! tarh !* Le son que je rends ainsi par *rh* est à peu près celui que les

Espagnols expriment par *j*, et que l'alphabet arabe représente par un signe particulier que les linguistes transcri-
vent ordinairement en caractères latins par *kh*. Il est à
remarquer qu'un tel son est d'ailleurs tout à fait étranger
à notre langue, et ne s'y rencontre que dans ce terme de
basse-cour ;

3° *Id.*, *id.* à l'adresse des poussins : *Gouri! gouri!* Ce
mot n'est pas seulement un cri vocatif, on l'emploie encore, mais familièrement, comme substantif. *Gori* (je
reprends l'orthographe rouergate) se dit aussi comme
synonyme de *polsi*.

4° Les termes de commandement à l'usage des attelages
de bœufs sont, pour le signal de la mise en marche,
un *à!* très prolongé; pour faire tourner, *tcha!* appuyé
d'un coup d'aiguillon donné au bœuf qui est en dehors,
c'est-à-dire sur le grand cercle d'évolution ; enfin, quand
il veut arrêter, le conducteur siffle, et crie *pro!*

Le *a* du premier commandement, *à!* étant *ouvert* (*larc*),
les lois de notre métaphonie rouergate, qui veulent que l'*a*
terminal ouvert soit toujours un ancien *ar* dont l'*r* s'est
émoussée, indiquent que cette voyelle est pour *ar*, lequel
semble se retrouver dans son synonyme *arri* à l'usage de
nos âniers et muletiers, car ce dernier pourrait bien être
formé par la réunion du mot des bouviers, sans doute
d'origine pré-gallo-romaine, à celui des charretiers *i*, qui
est latin. La racine AR a d'ailleurs le même sens, elle
signifie aller. (Voir Bopp., *Grammaire comparée ;* Pott,
Etymologische Forschungen, I, 218; et Max Müller, *Lec-
tures on the science of language*, 6° édit., pp. 276 et 292.)

XV

Notre patois est comparable à ces édifices noirs et déla-
brés, témoins des temps anciens, que l'archéologue ne se
lasse pas d'admirer et qu'il juge d'un prix inestimable,
mais que le vulgaire considère d'un œil tout différent, n'y
voyant que de hideuses vieilleries dont il faut souhaiter
la disparition prochaine, et qu'en attendant il faut badi-
geonner et plâtrer dans le goût moderne pour en rendre

la vue un peu supportable. C'est de la sorte, c'est dans le même esprit que l'on s'applique à enjoliver notre idiome méridional en le francisant. On est ainsi déjà parvenu à le dépouiller de tous ses noms de baptême et à les remplacer par les noms français correspondants qu'on a retouchés de la façon la plus maladroite pensant les mettre par ce moyen quelque peu en harmonie avec le système lexiologique dans lequel on voulait, bon gré malgré, les faire entrer. Les *Joan*, *Peyre*, *Antoni*, *Maria*, *Antonha*, *Maddalena* ne sont plus guère que des termes de dérision; la place de ces termes légitimes est maintenant occupée par des mots étrangers mal patoisés qui constituent de vrais monstres grammaticaux. Tous les prénoms féminins français en *ie* prennent en patois la terminaison *i* de ses formes masculines répondant au latin *inus*, et cette désinence féminine d'un nom féminin, tel que Marie, Julie, Sylvie, est si bien confondue avec la terminaison masculine provençale ci-dessus, que lorsqu'on veut donner à ces jolis noms de femme la forme plus aimable encore d'un diminutif, on n'hésite pas à les convertir, ou plutôt à les pervertir, en *Marinette*, *Julinette*, *Sylvinette* ou plus fréquemment en *Marinou*, *Julinou*, *Sylvinou*, qu'on emploie familièrement, même en parlant soi-disant français, car ce ne sont pas seulement nos paysans qui commettent de si vilains barbarismes, on les entend jusque dans les familles bourgeoises où l'on est censé ne parler et ne connaître que la langue des *gens comme il faut*.

On ne se contente pas de *masculiniser* les noms de femme, on *féminise* les noms d'homme : Jules, Alphonse, Auguste, pris pour des formes féminines à cause de l'e muet qui les termine, sont accommodés en conséquence pour leur appropriation à l'usage patois.

Les noms sacrés de *payre*, *mayre*, *frayre*, *sorre*, sont ressentis de nos jours comme une injure par celui ou celle à qui on ne craint pas de les donner; ce sont des expressions réputées grossières. On les remplace par des mots français défigurés.

Le langage technique de nos artisans et de nos agriculteurs eux-mêmes est gagné par la contagion française;

quelques années encore, et le maçon et le laboureur ne connaîtront plus le mot dont se servait leur père pour nommer la truelle ou la charrue.

Le patois s'en va : que les linguistes se hâtent d'en recueillir les précieuses reliques dans l'intérêt de la science; mais que le « Félibrige », en présence de cette décomposition rapide, fatale, ouvre les yeux à l'évidence et cesse de s'épuiser à la poursuite d'une chimère.

Dans l'intérêt de ceux de nos compatriotes aveyrennais qui voudraient faire des recherches sur la langue locale, je crois devoir leur indiquer ici les grandes sources auxquelles ils devront s'adresser d'abord pour se mettre au courant, s'ils ne l'ont fait déjà, de l'état actuel de la philologie de la langue d'oc, ancienne et moderne. Il y a à consulter, après les travaux de Raynouard, 1°, la *Grammaire des langues romanes* de Diez, traduite par Morel-Fatio et Gaston Paris; 2°, les leçons que font au Collége de France et à la Faculté des lettres de Montpellier, deux professeurs d'une compétence très-remarquable, MM. Meyer et Chabaneau; 3°, deux recueils périodiques spéciaux, *Romania*, publiée à Paris, et la *Revue des langues romanes*, paraissant à Montpellier.

www.ingramcontent.com/pod-product-compliance
Lightning Source LLC
Chambersburg PA
CBHW052139090426
42741CB00009B/2143